Direito Tributário e Heurísticas

Direito Tributário e Heurísticas

2023 • 2ª Edição

Fábio Goulart Tomkowski

ALMEDINA

DIREITO TRIBUTÁRIO E HEURÍSTICAS
2ª EDIÇÃO

AUTOR: Fábio Goulart Tomkowski

DIRETOR ALMEDINA BRASIL: Rodrigo Mentz
EDITORA JURÍDICA: Manuella Santos de Castro
EDITOR DE DESENVOLVIMENTO: Aurélio Cesar Nogueira
ASSISTENTES EDITORIAIS: Larissa Nogueira e Letícia Gabriella Batista
ESTAGIÁRIA DE PRODUÇÃO: Laura Roberti

DIAGRAMAÇÃO: Almedina
DESIGN DE CAPA: FBA

ISBN: 9786556277974
Maio, 2023

Dados Internacionais de Catalogação na Publicação (CIP)
(Câmara Brasileira do Livro, SP, Brasil)

Tomkowski, Fábio Goulart
Direito tributário e heurísticas / Fábio Goulart Tomkowski. -- 2. ed. -- São Paulo : Almedina, 2023.

Bibliografia.
ISBN 978-65-5627-797-4

1. Comportamento humano - Análise 2. Direito e economia 3. Direito tributário 4. Economia comportamental 5. Políticas públicas 6. Sistema Tributário Nacional 7. Sustentabilidade 8. Tomada de decisão I. Título.

23-143612 CDU-34:336.2

Índices para catálogo sistemático:

1. Análise comportamental do Direito e Economia: Direito tributário 34:336.2

Aline Graziele Benitez - Bibliotecária - CRB-1/3129

Este livro segue as regras do novo Acordo Ortográfico da Língua Portuguesa (1990).

EDITORA: Almedina Brasil
Rua José Maria Lisboa, 860, Conj.131 e 132, Jardim Paulista | 01423-001 São Paulo | Brasil
www.almedina.com.br

APRESENTAÇÃO

É com muita honra e satisfação que recebi o honroso convite do colega e amigo Prof. Dr. *Fábio Tomkowski*, para redigir o *Prefácio* para a segunda edição, de seu já conhecido, instigante e obrigatório livro "*Direito Tributário e Heurísticas*". O tema, é importante e muito inovador, localizando-se como uma pesquisa de fronteira da ciência jurídico tributária, que recebeu nos estudos do autor uma das primeiras e mais sistemáticas exposições, no Direito nacional.

O livro é fruto de Dissertação de Mestrado do Autor, defendida na Pontifícia Universidade Católica do Rio Grande do Sul (PUCRS), conceito 06 na CAPES, perante rigorosa banca composta pelos Professores Doutores Juarez Freitas (PUCRS), na condição de Orientador; Denise Lucena Cavalcante (UFC) e Cristiano Carvalho (UNISINOS). Eu tive o privilégio em ser Coorientador, acompanhando o seu entusiasmo nas disciplinas. O texto apresentado ainda na época do Mestrado demonstra a precocidade do Autor em versar sobre temas complexos, de forma fluente e elegante.

Conheci o jovem *Fábio Tomkowski* ainda como estudante da Faculdade de Direito da Pontifícia Universidade Católica do Rio Grande do Sul (PUCRS), onde além de já um ávido leitor, dedicado aluno e estagiário competente, sempre foi uma pessoa muito bem quista por todos, cooperativo, solícito e cultor das boas virtudes pessoais. Foi nesse período que tive a honra de orientar o seu trabalho de Graduação em Direito, defendido em 2011, intitulado "*O Redirecionamento da Execução Fiscal aos Sócios da Empresa*", em que já se destacava pela escolha do tema, pela escrita e por suas contribuições inovadoras. Basta dizer que o trabalho foi aprovado com o grau máximo por criteriosa banca de Professores.

A seguir ingressa com brilho na disputada seleção para o Mestrado em Direito da PUCRS, já na época um dos principais Programas de Pós-Graduação em Direito. Sendo orientado pelo emérito Professor Juarez Freitas. Seguindo o rumo de muito estudo, dedicação e visão acadêmica ingressa no Doutorado na vetusta Faculdade de Direito do Largo de São Francisco, onde irá defender sua Tese sobre tema atual e inovador. Perante rigorosa banca de Doutoramento irá discorrer sobre o atual e original tema da "*Constituição Econômica e produtividade*", em 2019, orientado pelo Prof. Dr. André Ramos Tavares.

Atualmente está concluindo o Pós-Doutorado, perante o nobre Programa de Pós-Graduação da Faculdade de Direito da USP, junto ao Prof. Dr. André Ramos Tavares, sobre tema muito importante para a Economia e Direito. Enfim, o Autor demonstra possuir uma sólida carreira acadêmica, pautada pela solidez, rigor e originalidade nas suas ponderadas contribuições.

O Prof. Dr. *Fábio Tomkowski* participa ativamente do Grupo de Pesquisas Avançadas em Direito Tributário (GTAX), vinculado ao PPGD da PUCRS, bem como de diversas entidades nacionais e internacionais do Direito. Podendo se destacar a sua participação na *Harvard Law School Brazilian Studies Association* dentre outras entidades de renome nacional. De outro lado, se destaca como Coordenador do importante Grupo de Estudos de Direito Tributário do Instituto Ives Gandra. Note-se a sua profunda dedicação tanto à Academia, quanto à atividade na Advocacia, perante o Conselho Superior de Direito da Fecomércio de São Paulo.

O trabalho apresentado no presente livro sistematiza de modo fluente um dos grandes desafios do Direito e da Economia, qual seja, entender a importância da racionalidade nas escolhas. O texto demonstra o profundo conhecimento do Autor, que dialoga com a Teoria Econômica e Jurídica, e conduz ao cabo, um diálogo equilibrado e coerente em temas tão complexos e desafiadores.

O livro versa sobre uma das grandes questões que são os fundamentos e metodologia da Análise Comportamental do Direito e Economia, bem como das Teorias da Tomada de Decisão.

Um dos principais postulados da Análise Econômica do Direito se encontra na premissa de que os indivíduos fazem escolhas racionais, ou seja, as decisões individuais são entendidas como racionalmente dirigidas à maximização dos interesses individuais (*benefits over costs*). Sempre que houver uma decisão, haverá uma escolha entre possíveis benefícios (*tradeoff*).

Imputa-se a *Jeremy Bentham* o protagonismo na ideia de que os indivíduos fazem escolhas que buscam maximizar a quantidade de prazer e minimizar a quantidade de dor. O sujeito realiza um cálculo utilitário, onde cada decisão produz uma escolha em prol da maior quantidade de prazer e a redução de danos.

A escolha do indivíduo nessa teoria é dirigida por cálculos racionais que levam em conta os melhores resultados para o sujeito. Tal decisão será mais eficiente quanto mais adequadas forem as informações iniciais, os benefícios pretendidos e a fórmula de cálculo para a maximização de seus interesses. Em uma realidade racionalidade perfeita todos os elementos da decisão estariam presentes em seu grau ótimo. Contudo, não é assim que funciona a decisão concreta do indivíduo. Ele não possui racionalidade completa, mas bem pelo contrário. Há falta de informações decisiva, limitações que reduzem gravemente o cálculo racional. Desse modo, aceitar a existência da racionalidade limitada é a primordial.

A assunção que uma dada escolha é tomada por sujeitos racionais, mesmo que com racionalidade limitada, não é suficiente para a compreensão do complexo processo de decisão. Os interesses individuais são conduzidos tanto pela razão, quanto por emoções e mesmo por uma certa irracionalidade. A presença de sentimentos e mesmo de vieses inconscientes enuvia o processo decisório, incorporando uma variável que não se encontrava completamente descrita na doutrina clássica da decisão.

Fábio Tomkowski reconstrói brilhantemente essa história das ideias sobre a racionalidade do comportamento econômico, dissecando as principais teorias e teóricos. Passará pela análise *William Stanley Jevons, Herbert Simon, Buchanan e Tullock*, passando por *Kahneman e Tversky*, e seus experimentos originais sobre as heurísticas e a sua distinção com os vieses. O autor sintetiza essa distinção de modo muito preciso e claro descrevendo as heurísticas como o processo de decisão, em condições de limitação, e os vieses como efeito deste.

Por outro lado, os indivíduos se utilizam de estratégias de decisão eficientes, reduzindo a exigência de cálculos constantes para o agir, o substituindo por modelos abreviados, muitas vezes apoiados na intuição e no inconsciente.

As aplicações dessas diversas teorias, seus debates sobre a racionalidade; sobre o papel das emoções e da razão nas decisões; dentre tantos outros aspectos ressalta e valoriza imensamente a contribuição do Autor para a cultura jurídico-tributária nacional.

O trabalho de *Fábio Tomkowski* não apenas discorreu sobre os desafios da teoria comportamental e seu impacto no pensamento jurídico, aplicou as teorias ao Direito Tributário e contribuiu decisivamente para inaugurar toda uma nova linha de pesquisas, profícua e inovadora. Sob este olhar nasceu uma obra grandiosa, que somente se robustece cada vez mais pelo debate e aplicação concreta.

É uma grande honra recomendar a obra do Dr. *Fábio Tomkowski*, *"Direito Tributário e Heurísticas"*, nesta prestigiosa segunda edição, pela sua contribuição original e inestimável para a doutrina tributária nacional e estrangeira. O diálogo aberto, equilibrado e prospectivo entre Direito e Economia, em uma área fundamental, irá contribuir decisivamente para a Teoria do Direito Tributário. São estudos como este que nos apoiam na tomada de melhores decisões e na construção de uma arquitetura legal e jurisprudencial mais eficiente, consequente e por consequência, mais justa.

Porto Alegre, fevereiro de 2022.

Prof. Dr. Paulo Caliendo
Professor Titular da PUCRS
Membro Permanente do PPGD-PUCRS

PREFÁCIO DA 2ª EDIÇÃO

A Economia Comportamental tornou-se um verdadeiro fenômeno nos últimos anos. Desde o pioneirismo de Herbert Simon (Nobel, 1978) e a sua *bounded rationality*, nos anos 50, passando pelos seminais trabalhos de Daniel Kanehman (Nobel, 2002) e Amos Tversky a partir da década de 60 até o falecimento deste último, nos anos 90, assim como as contribuições de Richard Thaler (Nobel, 2017), e as aplicações no Direito por nomes como Cass Sunstein e sua "Arquitetura da Escolha", o fato é que a *Behavioral Economics* deixou de ser uma mera curiosidade extravagante e rebelde, para se tornar uma linha de pesquisa influente e com grande impacto não apenas na Academia, mas também na formulação de políticas públicas e na estratégia comercial nos mercados.

Importante salientar que a E.C. não configura uma quebra de paradigma cientifico, no sentido empregado por Thomas Kuhn, igualmente não implica refutação do modelo clássico, na abordagem de Popper, tampouco é uma escola ou linha rival ao *mainstream*, e muito menos uma linha heterodoxa de pensamento econômico. Trata-se, na verdade, de ajustes importantes ao modelo padrão, com o intuito de torná-lo mais preciso e mais realista, quando isto se fizer necessário. Sempre cumpre advertir que os modelos científicos, em toda e qualquer área, são simplificações da realidade, servindo apenas para explicar porções dela, em determinados contextos que sejam úteis para obter determinados fins.

O grande escritor argentino Jorge Luís Borges, em seu "Del Rigor en la Ciencia" (1946), conta a estória de um Império, que se destacava como o mais desenvolvido na ciência da Cartografia, chegando ao ponto de elaborar um mapa de seu território inteiro, tão detalhado que continha absolutamente todos os seus itens, objetos, acidentes, pormenores e minúcias. Todavia, para ser tão rico e pormenorizado, o mapa necessitava ter as mesmas proporções físicas do Império, o que acarretou a sua total inutilidade cartográfica. A parábola de Borges é uma das melhores ilustrações do método científico já vistas, pois demonstra exatamente quais os seus propósitos e qual a sua natureza, qual seja, *descrever e explicar parcialmente e limitadamente a realidade e, acima de tudo, resolver problemas.*

Ora, a teoria da relatividade de Enstein jamais refutou, como alguns pensam, a física newtoniana, apenas detém maior poder de explicação em grandes escalas do Universo. Por outro lado, as leis cientificas elaboradas por Newton seguem plenamente válidas e aplicáveis, porém limitadas a escalas mais simples. Outrossim, as duas grandes teorias da física contemporânea, a Relatividade Geral e a Mecânica Quântica foram extensamente testadas e confirmadas empiricamente, tendo ambas possibilitado, inclusive, grande parte das tecnologias que empregamos no dia a dia. Contudo, são irreconciliáveis. Onde uma funciona (a Relatividade, em grandes escalas do universo), a outra não (a Quântica, nas micro escalas) e vice-versa, e, até agora, as tentativas de sua unificação (a "teoria do tudo") são meramente especulações (não alcançando o *status* de hipóteses científicas pelo fato de não poderem, ao menos por enquanto, ser testáveis, e portanto, confirmadas ou infirmadas cientificamente).

Tudo isso serve para reforçar a verdadeira ideia de teoria cientifica, bem como a sua utilidade. Devemos, por amor à Ciência, desconfiar de sistemas grandiosos que queiram explicar tudo. Usualmente, são, na melhor das hipóteses, pseudo-científicos e refratários a refutações.

Nesse sentido, a beleza do *mainstream* econômico é justamente ser um sistema o suficientemente aberto para permitir correção em suas limitações e possibilitar a sua constante evolução, enquanto conjunto de teorias que eficientemente (porém, de forma limitada) descrevem o comportamento humano e, dentro de restrições *ceteris paribus*, são capazes de prever este mesmo comportamento. Assim como outras teorias e linhas, como por exemplo, a nova economia institucional, a teoria dos jogos e a neuroeconomia, a Economia Comportamental foi gradativamente incorporada ao *mainstream*, outrora dominado pelo paradigma neoclássico. Analogamente ao exemplo das teorias físicas referidas linhas acima, há situações em que as pessoas são plenamente racionais e, portanto, a clássica teoria da escolha racional se aplica de forma extremamente eficaz. Há outras ocasiões em que as pessoas são até mesmo "hiperracionais", no dizer de Richard Posner[1], e aí nada melhor que a Teoria dos Jogos para descrever e prever comportamentos estratégicos. Todavia, muitas vezes os indivíduos não são plenamente racionais, i.e., não sopesam custo-benefício ao tomar suas decisões, deixando-se levar por vieses, impulsos, paixões ou recompensas imediatistas. Para estes casos, a E.C. se mostra incomparavelmente superior, pois desenvolve novos conceitos e aplica novas ferramentas, com incomparável eficácia. É ao que o estudo das Heurísticas e Vieses, trazido nesta inovadora obra do Professor Fábio Tomkowski, fruto de sua dissertação de mestrado, agora em sua 2a edição, se propõe.

Conheci Fábio há cerca de uma década, quando nos aproximamos por compartilhar o gosto por duas áreas de estudo, o Direito Tributário e a Análise Econômica do Direito. Já naquela época, me chamou a atenção a rara conjunção de extrema juventude com intensa dedicação acadêmica e profissional, sendo que não obstante formado em Direito há pouco tempo, pela tradicional PUC-RS, já cursava simultaneamente Mestrado nesta mesma instituição, além de especialização pela prestigiada Universidade Federal do Rio Grande do Sul. Como se não bastasse, havia passado temporada como *Visiting Researcher* na Harvard Law School, no que viria a culminar na sua defesa de dissertação de mestrado, em 2015. Tive o privilegio de integrar a banca examinadora, onde pude constatar a maturidade e brilhantismo com que defendeu o seu trabalho, muito mais para uma verdadeira tese de doutorado do que uma dissertação de mestrado, tanto que foi aprovado com distinção (*summa cum laude*). Tudo isso conciliado com a advocacia tributária militante, é bom lembrar.

Nos poucos anos seguintes, somaram-se muitas outras experiências e titulações, como as de *Visiting Researcher* no Max Planck Institute, na Alemanha, as de Doutor e Pós-Doutor em Direito Tributário, pela Universidade de São Paulo, a de Juiz do Tribunal de Impostos e Taxas do Estado de São Paulo, e professor em diversas instituições e cursos na área, além de autor em extensa literatura na área. Um currículo verdadeiramente impressionante para alguém ainda muito jovem, mas que seria apenas um somatório vazio de títulos se subjacente a isto tudo não estivesse um conteúdo acadêmico riquíssimo.

1 Economic Analysis of Law, pp. 19-23, New York: Wolter Kluver Law & Business, 2007.

Pois bem, importa agora comentar sobre o conteúdo deste livro. *Direito Tributário e Heurísticas* é pioneiro como aplicação da *Behavioral Law and Economics* à tributação brasileira e oferece tanto uma abordagem positiva (como a tributação efetivamente ocorre, pela ótica dos incentivos), como também proposta normativa, i.e, heurísticas como ferramentas para formulação de boas políticas públicas, por intermédio de normas tributárias indutoras, numa linha já desenvolvida por nomes como o já citado Cass Sunstein e Gerd Gigerenzer. Em apertadíssima síntese, vieses são falhas cognitivas que acometem a todos nós, agentes racionais (ou irracionais, neste caso), e, de modo a supri-las, nos utilizamos de "atalhos" para a tomada de decisão, as chamadas heurísticas. Podem estas serem sempre meros atalhos falhos, ou eventualmente poderiam servir como ferramentas para escolhas mais eficientes? Deixo esta questão para o leitor descobrir.

O autor estrutura a obra demonstrando, em linguagem acessível e didática, as diferentes teorias filosóficas e econômicas acerca da racionalidade, as principais heurísticas e vieses, para logo após, sem maiores delongas, aplicá-las diretamente ao fenômeno fiscal, com especial ênfase ao tópico da sustentabilidade.

A presente edição, que muito me honra prefaciar, é, portanto, destinada não só aos estudiosos de Análise Econômica do Direito, mas também aos operadores da tributação, sejam advogados, procuradores, fiscais e juízes, sem esquecer os formuladores de políticas públicas. *Direito Tributário e Heurísticas* é, portanto, a imagem e semelhança de seu criador, Fábio Tomkowski: a união da profundidade literária ao rigor cientifico, com extrema aplicação prática, consistindo em livro que soma à cultura jurídica, mas que é, sobretudo, de enorme utilidade. E, sendo assim, como recomendou Thomas Atkinson, "não basta ler os livros úteis, é necessário estudá-los".

Bons estudos e boa leitura!

Porto Alegre, 02 de fevereiro de 2023.

CRISTIANO CARVALHO
Professor Livre-Docente em Direito Tributário, Universidade de São Paulo.

PREFÁCIO DA 1ª EDIÇÃO

O livro de Fábio Tomkowski é de particular atualidade, na medida que examina o direito tributário e a economia à luz de sua abrangência psicossocial, nas tomadas de decisão.

Formula, à luz do direito comparado, soluções para o país, segundo a visão de que os agentes econômicos e a sociedade possam levar os governos a adotarem as medidas corretas para a implantação de adequada política tributária.

Nos tempos em que eu lecionava direito econômico, ou seja, na década de 80, como titular da cadeira na Universidade Mackenzie, procurava mostrar, nas aulas de noções de economia, que esta não era uma ciência matemática – os econometristas ofertam, apenas, um instrumento para estudo – nem ideológica, mas apenas uma ciência psicossocial. Quem não entender o comportamento dos mercados, as influências que recebe e suas reações, jamais entenderá a economia.

O livro de Fábio, em linha muito semelhante, procura mostrar a interação das diversas ciências sociais, à luz de uma visão antropológica do direito tributário como instrumento de poder e sujeito não só às pressões da sociedade, mas, principalmente, daqueles que detêm o poder, políticos e burocratas.

Numa visão integradora destas ciências, formula propostas para solução de alguns dos mais graves problemas que dificultam a adoção de uma política tributária, financeira e econômica eficaz, a saber, a revisão de políticas de renúncia fiscal, revisão dos fundamentos do sistema tributário com desoneração particularmente do consumo, em busca da justiça fiscal e competitividade da indústria brasileira, aliada à diminuição da inflação.

Na sua proposta, adota terminologia por mim exposta, na tese de doutoramento de 1982, publicada sob o título "Teoria da Imposição Tributária". À época, fui criticado por essa terminologia, pacificamente aceita em outros países.

Fábio fala em revisão da teoria da imposição tributária, à luz da extrafiscalidade e de um Estado condutor de variada tecnologia, seja no campo das energias renováveis, assim como na detenção dos meios de produção e consumo.

O livro é voltado para o campo das tomadas de decisões capazes de atingir o complexo mundo das opções governamentais, à luz das pressões internas, do governo, e externas, da sociedade.

Sendo um pouco mais cético que Fábio neste campo, pois que os anticorpos dos detentores do poder, principalmente dos burocratas – denominados de "integradores do poder" por Alvim Toffler (3ª. Onda) – são muito fortes, entendo, todavia, que seu estudo merece ampla reflexão por parte dos estudiosos, em face de desventrar uma forma nova de a doutrina enfrentar questões, no plano de reflexão acadêmica, e de buscar soluções pragmáticas para as políticas públicas, mormente na instável, mas necessária província do direito tributário, ramo dos mais polêmicos, na conformação de teorias com condições de implantação.

Parabéns ao autor pela brilhante obra e para a Editora que a hospeda.

IVES GANDRA DA SILVA MARTINS
Professor Emérito das Universidades Mackenzie, UNIP, UNIFIEO, UNIFMU, do CIEE/O ESTADO DE SÃO PAULO, das Escolas de Comando e Estado-Maior do Exército – ECEME, Superior de Guerra – ESG e da Magistratura do Tribunal Regional Federal – 1ª Região; Professor Honorário das Universidades Austral (Argentina), San Martin de Porres (Peru) e Vasili Goldis (Romênia); Doutor Honoris Causa das Universidades de Craiova (Romênia) e das PUCs-Paraná e Rio Grande do Sul, e Catedrático da Universidade do Minho (Portugal); Presidente do Conselho Superior de Direito da FECOMERCIO – SP; Fundador e Presidente Honorário do Centro de Extensão Universitária – CEU-Escola de Direito/Instituto Internacional de Ciências Sociais – IICS.

SUMÁRIO

INTRODUÇÃO

Durante séculos as leis foram aplicadas, as decisões proferidas e as políticas públicas realizadas, tendo-se pouco conhecimento sobre como a mente realmente funciona e como as escolhas são feitas. Com o avanço das tecnologias, cada vez mais se tornou possível obter informações que facilitassem a compreensão de como os seres humanos agem e decidem em situações específicas, o que fez com que pesquisadores das mais diversas áreas, com base nesses estudos e informações, começassem a relacioná-los aos conhecimentos nas suas respectivas áreas.

Isso deu início a diversas teorias, dentre as quais se destacam a Economia Comportamental, também chamada de *Behavioral Economics* (que aplicou os estudos sobre o comportamento humano à economia) e a Análise Comportamental do Direito e Economia, ou *Behavioral Law and Economics*, (que utilizou como base alguns instrumentos da Análise Econômica do Direito, bem como os estudos da Economia Comportamental). A Análise Comportamental do Direito e Economia aprimorou a compreensão relativa ao comportamento humano face ao Direito, decisões judiciais e demais questões envolvendo as leis e a mente humana, proporcionando a elaboração de leis e políticas públicas mais efetivas, justas e sustentáveis.

Não por acaso, o estudo sobre a Análise Comportamental do Direito e Economia, dentro do segmento do Direito e Economia, é um dos temas de maior relevância nas principais universidades atualmente, atraindo cada vez mais adeptos e interessados em compreender como as pessoas decidem em determinadas situações e quais fatores interferem nessas decisões. O interesse se dá a fim de que sejam aprimoradas as políticas públicas, leis e a sua interpretação, bem como, por meio do reconhecimento dos principais vieses e heurísticas aos quais se está exposto, evitar decisões prejudicadas por eles.

As leis sempre tiveram um papel de extremo destaque para o avanço da civilização, pois, se elaboradas da maneira correta, podem fazer com que ocorram mudanças significativas no comportamento da sociedade. Foram muito importantes na obtenção de direitos e garantias pelos cidadãos, como a livre iniciativa e a liberdade de pensamento.

As leis, apesar de muito já terem servido para confirmar estereótipos e tratamentos desiguais, aumentando a pressão para que alguns setores da sociedade se conformassem com sua condição[1], quando bem utilizadas são capazes de desafiar essas categorizações, proporcionando maior justiça para todos. Compreender quais possíveis falhas os seres humanos tendem a cometer pode evitar a repetição de alguns equívocos e desvios nas tomadas de decisão, colaborando para a elaboração de leis e políticas mais adequadas, decisões menos tendenciosas e parciais, aprimorando, dessa forma, o sistema jurídico e social.

No presente trabalho, será tratado, brevemente, no primeiro capítulo, a respeito das principais teorias sobre a tomada de decisão, começando pelos estudos realizados por Herbert Simon, para então avançar para outras correntes de pensamento, como a da Análise Econômica do Direito, a Heurística e o Direito, também chamada de *Heuristics and Law*, e a Análise Comportamental do Direito e Economia, mencionando os principais fundamentos e contribuições de cada uma.

No segundo capítulo, será tratado de forma mais específica a respeito da Análise Comportamental do Direito e Economia, abordando seus principais fundamentos e os argumentos contrários e favoráveis a ela. Para então finalizar, no terceiro capítulo, realizar-se-á breve análise a respeito dos principais problemas presentes na elaboração de políticas públicas no Brasil, com relação ao Direito Tributário, sob a ótica da sustentabilidade fiscal, econômica, social e ambiental, elencando algumas diretrizes que podem servir como norte para o aperfeiçoamento da elaboração de tais medidas, através, principalmente, da aplicação dos conhecimentos provenientes das teorias da decisão.

[1] CHEN, Ron e HANSON, Jon. *Categorically Biased: The Influence of Knowledge Structures on Law and Legal Theory.* U.S. California Law Review 1103. 2004. Pg. 1117.

1
TEORIAS DA DECISÃO

Compreender a racionalidade das escolhas é um dos temas mais intrigantes. Os primeiros economistas neoclássicos, dentre eles William Stanley Jevons[2], sustentaram que os agentes fariam escolhas que maximizassem sua própria felicidade. Em contraponto, os economistas do século XX passaram a dissociar as escolhas dos indivíduos da maximização de sua felicidade, associando-a, em seu lugar, aos seus desejos e valores.[3]

Dentre as teorias da decisão[4], três delas podem ser consideradas como as principais. A primeira é a chamada visão clássica, que considera que as leis de inferência dos seres humanos são as leis das estatísticas e probabilidades, possuindo uma lógica em menor grau, o que, na visão de alguns críticos, ocasiona certa dificuldade para lidar com incertezas. Essa corrente é seguida por diversos pesquisadores na área da economia, que enxergam as ferramentas estatísticas como sendo os modelos normativos e descritivos de inferências e tomadas de decisão, considerando teorias de probabilidade e racionalidade humana como sendo faces da mesma moeda.[5] Esse pensamento deu origem à chamada Análise Econômica do Direito, que utiliza a Teoria da Escolha Racional (*Rational Choice Theory*), também

2 JEVONS, Willian Stanley. *Theory of Political Economy*. Macmillan. Nova York. 1988.

3 GRÜNE-YANOFF, Till. Rational *Choice Theory and Bounded Rationality*. Religion, Economy and Evolution. Berlim. 2010. Pg. 62.

4 Sobre as teorias da decisão vide: PETERSON, Martin. *An introduction do decision theory*. Cambridge University Press. Cambridge. 2009.

5 GIGERENZER, Gerd e GOLDSTEIN, Daniel. *Reasoning the Fast and Frugal Way: Models of Bounded Rationality*. Psychological Review. Vol. 103. No. 4. 1996. Pg. 650.

conhecida como Teoria da Utilidade Esperada (*Expected Utility Theory*), como forma de descrever o comportamento humano e a maximização da utilidade social com o objetivo de desenvolver normas legais.[6]

A Teoria da Escolha Racional é uma das principais teorias a tratar das tomadas de decisão sob risco. Ela baseia-se em uma série de axiomas, tais como a transitividade de preferências, que fornecem critérios de racionalidade de escolhas. A utilidade de uma opção de risco, para os defensores dessa teoria, é igual à utilidade esperada dos seus resultados, que seria obtida pelo sopesamento da utilidade de cada resultado possível em relação à sua probabilidade. Ou seja, quando diante de uma escolha, um indivíduo racional irá preferir a opção que tiver a maior utilidade esperada, e que, consequentemente, irá lhe trazer um maior bem-estar futuro.

Tal teoria teve entre seus defensores Buchanan e Tullock[7], os quais esperavam, com a análise a respeito da racionalidade baseada em uma visão unitária da natureza humana, chegar a resultados coerentes que pudessem ser aplicados nos campos da politica e da economia.[8] Tal racionalidade é utilizada para sopesar o custo/benefício das possíveis consequências de cada escolha.

A Teoria da Escolha Racional pode apresentar dois aspectos: o normativo e o descritivo. O caráter normativo consiste em expressar como uma pessoa deveria se comportar diante de uma decisão que necessite ser tomada, tentando estabelecer critérios para verificar se determinado comportamento é ou não é racional.[9] Já o caráter descritivo consiste na observação das escolhas dos indivíduos, sendo estes considerados racionais.[10]

Kahneman e Tversky comprovaram, por meio de experimentos, a existência de diversas heurísticas, que consistem em simples estratégias que as pessoas utilizam (sem perceber) quando estão decidindo frente a limitações, ou seja, seriam como uma espécie de sistema operacional de tomadas

[6] Vide POSNER, Richard. *Economis Analysis of Law*. Aspen Publishers. Nova York. 2007.

[7] BUCHANAN, James e TULLOCK, Gordon. *The Calculus of Consent*. Ann Arbot: University of Michigan Press. Ann Arbor. 1962.

[8] GREEN, Donald e SHAPIRO, Ian. *Pathologies of Rational Choice Theory: A Critique of Applications in Political Science*. New Haven: Yale University Press. New Haven. 1994. Pg. 1.

[9] COOK, Karen e LEVI, Margaret. *The Limits of Rationality*. University of Chicago Press. Chicago. 1990. Pg. 3.

[10] COOK, Karen e LEVI, Margaret. *The Limits of Rationality*. University of Chicago Press Chicago. 1990. Pg. 4

de decisão, que podem levar a escolhas enviesadas. Assim, é possível compreender as heurísticas como a descrição de um processo e os vieses como o efeito deste. As heurísticas podem ser quanto ao tempo e a informações acerca do problema[11], limitações comuns nas tomadas de decisão, que podem acarretar vieses, tais como confiança excessiva, ancoragem, disponibilidade e representatividade, entre outros que serão abordados mais adiante. Foi o que chamaram de Teoria Prospectiva (*Prospect Theory*)[12], a qual consiste em uma teoria descritiva de como as pessoas realizam escolhas frente às incertezas.

A Teoria Prospectiva é um exemplo de teoria econômica comportamental na qual seus componentes chaves incorporam importantes características da psicologia[13]. Ela tentou comprovar, por meio de diversos experimentos, que seria possível prever quais seriam as escolhas dos indivíduos, antes mesmo de que eles as realizassem, em razão de haver certas tendências durante a tomada de decisão, não sendo assim escolhas aleatórias e imprevisíveis na maioria das vezes.[14]

A Teoria da Escolha Racional, nas últimas décadas, passou a ser objeto de críticas também por alguns defensores da Análise Comportamental do Direito e Economia, que afirmam que o raciocínio humano é sistematicamente enviesado e propenso a erros, sugerindo que o processo de tomada de decisão seria, na verdade, decorrente de heurísticas e não regras de probabilidade.[15] À primeira vista, pode parecer que tal interpretação difere da visão clássica a respeito da racionalidade humana. No entanto, pelo menos quanto ao caráter normativo de análise da tomada de decisão, ambas as visões são semelhantes, pois aceitam as leis de probabilidade e estatísticas como sendo normativas, embora discordem quanto a se os seres humanos

11 ENGEL, Christoph e GIGERENZER, Gerd. *Law and Heuristics: An Interdisciplinary Venture.* In ENGEL, Christoph e GIGERENZER, Gerd. Heuristics and Law. Dahlen Workshop Reports. Berlim. 2004. Pg. 1-2.

12 KAHNEMAN, Daniel e TVERSKY, Amos. *Prospect Theory: An Analysis of Decision under Risk.* Econometrica. Nova York. 1979.

13 THALER, Richard e MULLAINATHAN, Sendhil. *Behavioral Economics.* National Bureau of Economic Research. 2000. Pg. 4.

14 Partindo da Teoria Prospectiva, Richard Thaler escreveu sobre como as recentes perdas e ganhos influenciam e acabam dificultando nas tomadas de decisão. Vide THALER, Richard. *Mental Accounting and Consumer Choice.* Marketing Science. Vol. 4. 1985. Pg. 199-214.

15 KAHNEMAN, Daniel, SLOVIC, Paul e TVERSKY, Amos. *Judgment Under Uncertainty: Heuristics and Biases.* Cambridge University Press. Cambridge. UK. 1982.

podem ou não lidar com tais fatores da maneira necessária.[16] É importante ressaltar, também, que há defensores da Análise Econômica do Direito, como Richard Posner, que adotam um conceito mais amplo de escolha racional, abandonando o modelo que considera os seres humanos como extremamente racionais, alheios às emoções e egoístas. Posner chegou a tentar demonstrar que a heurística da disponibilidade, por exemplo, seria compatível com a Teoria da Escolha Racional.[17]

Em síntese, a Análise Comportamental do Direito e Economia procurou aprimorar as ferramentas já disponíveis da Análise Econômica do Direito e tornar a descrição do comportamento humano ainda mais precisa, além de mostrar que os indivíduos, às vezes, comportam-se de forma sistemática, tomando decisões abaixo daquelas que seriam consideradas ideais.[18] Trata-se portanto, de teoria complementar à clássica, que visa trazer ainda mais elementos capazes de contribuir para maior previsibilidade e melhor análise das decisões.

Para ilustrar a diferença entre a Análise Econômica do Direito e a Análise Comportamental do Direito e Economia, suponha que exista um debate jurídico sobre o conhecimento e compreensão dos consumidores acerca de um produto que possa causar danos à saúde.[19] Baseando-se nos estudos da Análise Econômica do Direito, que entende que os consumidores adquirem, processam e agem com base em informações relacionadas a riscos de acordo com a Teoria da Escolha Racional, o debate provavelmente seria focado nos custos das informações, nos custos contratuais e outros aspectos estruturais do mercado que poderiam levar o indivíduo a tomar decisões abaixo da ideal.[20]

Já para a Análise Comportamental do Direito e Economia, os indivíduos não processam as informações da mesma maneira como descreve a Teoria da Escolha Racional, mas utilizam-se de heurísticas para discernir

[16] GIGERENZER, Gerd e GOLDSTEIN, Daniel. *Reasoning the Fast and Frugal Way: Models of Bounded Rationality*. Psychological Review. Vol. 103. No. 4. 1996. Pg. 650.

[17] POSNER, Richard. *Behavioral Law and Economics: A critique*. Econ. Educ. Bull. American Institute for Economic Research. 2002. Pg. 3.

[18] KYSAR, Douglas. *Are Heuristics a Problem or a Solution?* In ENGEL, Christoph e GIGERENZER, Gerd. *Heuristics and Law*. Dahlen Workshop Reports. Berlim. 2004. Pg. 116

[19] KYSAR, Douglas. *Are Heuristics a Problem or a Solution?* In ENGEL, Christoph e GIGERENZER, Gerd. *Heuristics and Law*. Dahlen Workshop Reports. Berlim. 2004. Pg. 120.

[20] POSNER, Richard e LANDES, Willian. *The Economic Structures of Tort Law*. Harvard University Press. Cambridge. EUA. 1987.

e avaliar palpites acerca da periculosidade do produto. Tal teoria procura entender quais heurísticas são mais propensas a levar os indivíduos a estimar precisamente, subestimar ou superestimar a possibilidade do produto causar dano ao consumidor. Dessa forma, se alguém pode subestimar a possibilidade de um produto ser causador de dano a outro, os níveis de segurança dados pelo equilíbrio do mercado não regulado não serão capazes de refletir os padrões desejados de investimentos na redução do risco. Ou seja, se um indivíduo subestima a periculosidade de um determinado produto, ele, consequentemente, irá investir menos do que deveria para a redução desses riscos.[21]

A terceira interpretação acerca da racionalidade humana, que teve como seu principal defensor Herbert Simon[22], consiste em focar na psicologia e no ambiente em vez da teoria clássica baseada na lógica e na probabilidade. Simon foi um dos primeiros críticos da visão do agente econômico como alguém com capacidade ilimitada para processar informações. Ele propôs uma análise de modelos de Racionalidade Limitada (*Bounded Rationality*), afirmando que o sistema de processamento de informações pelo cérebro frequentemente precisa satisfazer no lugar de otimizar, ou seja, deve resolver problemas de forma rápida e eficaz, sem depender de uma resposta "ótima", que muitas vezes não existe. Os defensores dessa teoria afirmam, também, que o indivíduo, durante a tomada de decisão, irá escolher a primeira opção que seja satisfatória para a resolução do problema, em vez de gastar tempo estimando probabilidades e utilidades para as soluções possíveis associadas a cada alternativa. A noção de Racionalidade Limitada, na visão de Simon, possui dois lados: o cognitivo e o ambiental.[23] Ele afirma que a mente é adaptada ao ambiente em que se encontra e que tal ambiente influencia na hora da tomada de decisão.[24] O referido autor chegou a afirmar que "O comportamento racional humano é moldado como por uma tesoura, a qual as lâminas são as estruturas do ambiente e

21 KYSAR, Douglas. *Are Heuristics a Problem or a Solution?* In ENGEL, Christoph e GIGERENZER, Gerd. *Heuristics and Law.* Dahlen Workshop Reports. Berlim. 2004. Pg.120.

22 SIMON, Herbert. *Rational Choice and the Structure of the Environmental.* Psychological Review. Vol. 63. 1956. Pg. 129-138. e SIMON, Herbert. *Models of Bounded Rationality.* MIT Press. Cambridge, EUA. 1990.

23 Ambiental no sentido do ambiente em que o indivíduo está situado quando toma suas decisões.

24 SIMON, Herbert. *Statistical Tests as a Basis for the Yes or No Choice.* Journal of American Statistical Association. Vol. 40. 1945. Pg. 80-4.

a capacidade cognitiva do indivíduo"[25], assemelhando-se, até certo ponto, ao pensamento dos defensores da teoria das heurísticas e vieses, pois, para eles, a Racionalidade Limitada é como uma ilusão cognitiva.[26] Nesse sentido, afirmava que os seres humanos, visando economizar tempo e energia, quando se deparavam com uma questão de difícil resolução, tendiam a utilizar "*rules of thumbs*", o que muitas vezes acabaria ocasionando erros sistemáticos, em consonância com o posicionamento defendido por Kahneman e Tversky[27]

Da breve análise realizada até o momento, conclui-se que a compreensão acerca da racionalidade humana passa por uma convergência entre aspectos presentes nas três teorias acima descritas, pois, quando o indivíduo decide, diversos fatores irão influenciar sua escolha, a começar pelo ambiente em que ele está inserido e no qual se desenvolveu, levando em conta inclusive aspectos culturais. Além do mais, os problemas decisórios invariavelmente acabarão impondo "condições que são os estados das coisas no mundo em relação às quais deverá realizar atos, consoante os resultados que pretende obter"[28]. Por tais razões, não há dúvidas de que suas limitações cognitivas irão pesar também quando for necessário optar por uma ou outra escolha, para as quais, por diversas vezes, não haverá uma decisão ótima, fazendo-se necessário o uso de heurísticas para tanto. Essas heurísticas farão com que sejam utilizados, mesmo que inconscientemente, estatísticas, probabilidades e demais conhecimentos adquiridos ao longo da vida para buscar as respostas necessárias aos problemas, e elas serão essenciais, principalmente, quando se estiver decidindo frente a incertezas. Sendo assim, fica claro que nenhuma das teorias citadas sobre a racionalidade deve ser integralmente descartada, podendo cada uma delas contribuir para uma melhor compreensão acerca do comportamento dos indivíduos quando realizam suas escolhas.[29]

[25] SIMON, Herbert. *Models of Bounded Rati*onality. MIT Press. Cambridge, EUA. 1990. Pg. 7.

[26] GIGERENZER, Gerd. *Heuristics*. In ENGEL, Christoph e GIGERENZER, Gerd. *Heuristics and Law*. Dahlen Workshop Reports. Berlim. 2004. Pg. 22.

[27] KAHNEMAN, Daniel e TVERSKY, Amos. *Judgment Under Uncertainty: Heuristics and Biases. Science*. Vol. 185. 1974. Pg. 1124-31.

[28] CARVALHO, Cristiano. *Teoria da Decisão Tributária*. Saraiva. São Paulo. 2013. Pg. 96.

[29] Sobre se os seres humanos são ou não racionais quando decidem vide: SEN, Amartya. *Rational fools: a critique of the behavioral foundations of economic theory*. Philosophy and Public Affairs. Vol. 6. nº 4. Princeton University Press. Princeton. 1977; e SLOVIC, Paul; FINUCANE,

1.1. Escolhas: racionais ou não?

Muito se discute se as escolhas são racionais ou se seriam apenas frutos de impulsos, emoções e automatismos. Diversos autores se dedicam a pesquisar sobre o tema, tentando desvendar os mistérios a respeito das decisões. Assim, serão expostos alguns dos estudos acerca do tema, a fim de auxiliar na compreensão sobre as escolhas e a racionalidade humana.

A presunção de que as escolhas individuais são livres de interferência baseia-se na premissa de que as pessoas, normalmente, escolhem bem suas decisões ou, pelo menos, as fazem melhor do que um terceiro as fariam. No entanto, segundo sustentam alguns autores, existe pouco suporte empírico para essas afirmações.[30]

Vem sendo defendida por parte dos psicólogos e neurocientistas uma compreensão sobre como o cérebro humano funciona durante a tomada de decisão. Tais estudiosos afirmam existir uma distinção entre dois sistemas cognitivos, o sistema Automático e o Reflexivo (também chamados de sistema I e sistema II, respectivamente) [31].

O Sistema Automático é, como o próprio nome já diz, aquele responsável pelas reações espontâneas, instintivas, nas quais os indivíduos agem sem meditar sobre a ação. Alguns cientistas afirmam ser essa função ligada às partes mais antigas do cérebro, estando fortemente presente nos animais ditos "irracionais", que agem muito mais baseados no instinto do que na razão. Isso ocorre, por exemplo, quando alguém desvia de um objeto jogado em sua direção, ou quando se está dirigindo no mesmo trajeto que faz diariamente, percorrendo-o sem nem ao menos precisar pensar em qual caminho tomar. O mesmo sistema também é utilizado quando alguém está falando sua língua nativa. Dessa forma, quando alguém fala uma segunda língua fluentemente, significa que está se utilizando do Sistema Automático para expressar-se. Vale ressaltar que tal sistema pode ser aprimorado por meio de treinamento ou de uma condução para uma mudança de comportamento, como, por exemplo, quando alguém inicia a prática de um determinado esporte, os reflexos e o desempenho,

Melissa; PETERS, Ellen e MACGREGOR, Donald. *Rational actors or rational fools: implications of the effect heuristic for behavioral economics*. Journal of Socio-Economics. Vol. 31. Elsevier. Amsterdan. 2002.

30 THALER, Richard e SUNSTEIN, Cass. *Libertarian Paternalism*. The American Economic Review. Vol. 93. No. 2. 2003. Pg. 176.

31 KAHNEMAN, Daniel. *Thinking Fast and Slow*. Penguin Books. Londres. 2012. Pg. 13.

em razão da falta de treinamento, muito provavelmente não estarão em um nível muito alto. Porém, após treinar por dezenas de horas, quando o mesmo indivíduo praticar o esporte, sua performance proveniente, principalmente, do Sistema Automático, será consideravelmente melhor do que quando iniciou a atividade.[32]

O Sistema Reflexivo, por outro lado, é aquele que envolve decisões que necessitam raciocínio antes de agir, não sendo tão rápidas as respostas dos indivíduos quanto as provenientes do Sistema Automático, pela necessidade de se meditar a respeito da maneira como irão agir. Tal sistema se manifesta quando se está respondendo a uma prova, por exemplo, na qual é necessário raciocinar sobre as questões a fim de poder solucioná-las.

Cabe lembrar que esses dois sistemas interagem o tempo todo, não sendo sistemas completamente distintos. Um exemplo dessa interação se dá quando o indivíduo se depara com algo que tem vontade, porém sabe que não deve fazer. O Sistema Automático o impulsionará a seguir seus instintos, porém o Sistema Reflexivo irá lembrá-lo de que aquilo é errado e que poderá ter consequências negativas. Logo, se agir de forma racional, utilizando seu livre arbítrio e sem se deixar levar por seus instintos, com seu Sistema Racional se sobrepondo ao Irracional, conseguirá se controlar e não irá realizar tal conduta.

O Sistema Automático de tomada de decisões, apesar do seu inegável aspecto positivo em diversas situações, tais como poupar tempo e energia, muitas vezes, segundo Daniel Kahneman[33], simplifica demasiadamente e abusa das heurísticas. Isso acontece devido à tendência do cérebro de substituir questões difíceis por fáceis[34], o que por diversas vezes acarreta decisões enviesadas, como, por exemplo, imaginar fatos que não existiram, produzindo memórias que não correspondem à realidade.[35]

Há, no entanto, quem entenda que o processo de tomada de decisão não seria bem dividido entre duas formas de raciocínio, pois tal pensamento

[32] THALER, Richard e SUNSTEIN, Cass. *Nudge: Improving Decisions About Health, Wealth, and Happiness.* Yale University Press. New Haven. 2008.

[33] KAHNEMAN, Daniel. *Thinking Fast and Slow.* Penguin Books. Londres. 2012. Pg. 105

[34] FREITAS, Juarez. *A Hermenêutica Jurídica e a Ciência do Cérebro: como lidar com os automatismos mentais.* Revista da Ajuris. Vol. 40. 2013. Pg. 228.

[35] LOFTUS, Elizabeth. *Our changeable memories legal and practical implications.* Nature Reviews/ Neuroscience. Vol. 4, 2003. Pg. 231-34.

seria demasiadamente generalista para suportar algumas questões teóricas e empíricas[36]. Isso se daria, especialmente, no que diz respeito a políticas legislativas, que, para serem realizadas, demandam atenção a características específicas das tomadas de decisão, as quais seriam ignoradas pela dicotomia do Sistema 1 e 2. Também se argumenta que, na realidade, deveria ser utilizado um modelo mais dinâmico, que seria único e contínuo, no qual os processos associados ao Sistema 1 não seriam vistos como fixos e imutáveis, mas sim sujeitos às forças externas como as do ambiente em que o sujeito está inserido, que influenciam o sistema cognitivo e, inclusive, o próprio sistema 2.[37]

Outro possível risco apontado com relação à dicotomia entre Sistema 1 e Sistema 2 consiste no fato de que, para os defensores dessa divisão, haveria heurísticas relacionadas ao Sistema 1 que seriam mais primitivas e induziriam a erros sistemáticos, enquanto os processos cognitivos analíticos e racionais, capazes de levar a melhores decisões, seriam relacionados ao Sistema 2, o que se assemelharia de alguma forma a algumas correntes da Teoria da Escolha Racional. Tal dicotomia ainda abriria margem para interpretações no sentido de que haveria dois conjuntos relevantes de heurísticas: as utilizadas pelos cidadãos comuns, que estariam mais propensos a serem afetados negativamente pelos vieses e teriam uma maior dificuldade em evitar tais desvios nas decisões cognitivas (Sistema 1); e aquelas que que seriam deliberadamente construídas e moldadas de forma perfeita pelos legisladores e governantes, a fim de corrigir os possíveis equívocos da população nas tomadas de decisão (Sistema 2). Para os críticos dessa divisão, essa seria uma perigosa simplificação.[38]

Em diversas situações, os seres humanos decidem de maneira incoerente e inconsistente, não correspondendo àquela decisão mais racional, por motivos diversos. O simples fato de mudar a forma de exposição de um problema, muitas vezes, ocasiona resultados completamente diversos. Ou seja, se apresentarmos exatamente o mesmo problema de forma diferente,

36 GIGERENZER, Gerd. *Reasoning the Fast and Frugal Way: Models of Bounded Rationality.* American Psychological Association. Vol. 103. N. 4. 1996.

37 KYSAR, Douglas. *Are Heuristics a Problem or a Solution?* In ENGEL, Christoph e GIGERENZER, Gerd. *Heuristics and Law.* Dahlen Workshop Reports. Berlim. 2004. Pg. 110.

38 KYSAR, Douglas. *Are Heuristics a Problem or a Solution?* In ENGEL, Christoph e GIGERENZER, Gerd. *Heuristics and Law.* Dahlen Workshop Reports. Berlim. 2004. Pg. 111.

as escolhas dos indivíduos tendem a mudar em virtude, principalmente, das imperfeições na percepção durante a decisão humana.[39]

Para comprovar tal afirmação, Kahneman e Tversky submeteram seus alunos das Universidades de Stanford e da Columbia Britânica, divididos em dois grupos, à resolução de dois problemas, cada um apresentado para um dos grupos[40]. O primeiro problema consistia no seguinte:

> Problema 1. Imagine que os Estados Unidos estão se preparando para um surto de uma doença de origem asiática, sobre a qual há previsão de que irá matar 600 pessoas. Dois programas alternativos para combater a doença foram propostos. Assumindo que as estimativas exatas das consequências de cada um dos programas sejam as seguintes:
>
> – Se o programa A for adotado, 200 pessoas serão salvas;
>
> – Se o programa B for adotado, terá 1/3 de probabilidade que as 600 pessoas sejam salvas e 2/3 de probabilidade de que ninguém será salvo.
>
> A qual dos dois problemas você seria favorável?

A maioria das escolhas diante desse problema 1 foi de aversão ao risco, ou seja, a certeza de salvar 200 pessoas foi mais atrativa do que o 1/3 de chances de salvar as 600 pessoas.

Para o segundo grupo, foi apresentado o mesmo caso do problema 1, contudo com uma formulação diferente na exposição das alternativas, quais sejam:

> – Se o programa C for adotado, 400 pessoas morrerão;
>
> – Se o programa D for adotado, terá 1/3 de probabilidade de ninguém morrer e 2/3 de probabilidade de que 600 pessoas morram.
>
> A qual dos dois programas você seria favorável?

A maior parte das escolhas diante do problema 2 foi no sentido de assumir os riscos, ou seja, a certeza de que 400 pessoas irião morrer é menos aceitável que os 2/3 de chance de 600 pessoas morrerem. Diante disto, concluiu-se que, quando as escolhas envolvem ganhos, o mais frequente é

[39] TVERSKY, Amos e KAHNEMAN, Daniel. *The Framing of Decisions and The Psychology of Choice.* Science, New Series. Vol. 211. No. 4481. 1981. Pg. 453.

[40] TVERSKY, Amos e KAHNEMAN, Daniel. *The Framing of Decisions and The Psychology of Choice.* Science, New Series. Vol. 211. No. 4481. 1981. Pg. 453.

a aversão ao risco, enquanto quando as escolhas envolvem perdas, a opção por assumir riscos ocorre mais frequentemente.[41]

Com o exemplo apresentado, fica claro que, mesmo os casos sendo idênticos, a maneira como uma informação é formulada muda totalmente os resultados das escolhas, chegando até a serem opostas, sendo no sentido de aversão à perda ou no sentido de assumir riscos.

Outro fato interessante é o que O`Donoghue e Rabin chamaram Ingenuidade Parcial (*Partial Naïveté*)[42], constatando que a maioria das pessoas não consegue perceber os problemas que sua falta de autocontrole financeiro hoje poderá acarretar no futuro. Elas tendem a subestimar a possibilidade de passarem por dificuldades financeiras, não intuindo que, se não pouparem dinheiro agora, dificilmente terão uma velhice confortável. Dessa forma, há quem defenda que, às vezes, fazem-se necessárias implementações de medidas a fim de educar as pessoas a respeito dos problemas que sua falta de autocontrole poderá ocasionar. Pode ser benéfica, neste sentido, a adoção de incentivos ou induções para que elas tomem medidas que visem a assegurar sua subsistência financeira futura[43], talvez por meio de incentivos fiscais que estimulem condutas financeiras mais precavidas.

1.2. Do termo "melhor escolha"

Primeiramente, é conveniente ressaltar que o termo "melhor escolha", neste trabalho, busca referir àquela escolha que o indivíduo teria se não fosse influenciado de maneira prejudicial pelas heurísticas e vieses e possuísse todas as informações necessárias sobre o que está decidindo.

1.3. Heurísticas

O termo heurística possui sua origem na palavra grega *heuretikos*, que significa descobrir. Esse termo já foi citado até mesmo no discurso de Albert Einstein, em 1905, quando ganhou o Prêmio Nobel, para indicar uma ideia que ele considerava incompleta em virtude do conhecimento limitado,

[41] TVERSKY, Amos e KAHNEMAN, Daniel. *The Framing of Decisions and The Psychology of Choice.* Science, New Series. Vol. 211. No. 4481. 1981. Pg. 453.

[42] O'DONOGHUE, Ted e RABIN, Matthew. *Doing It Now or Later.* The American Economic Review. Vol. 89. No. 1. 1999. Pg. 103-124.

[43] Vide também FREDERICK, Shane; LOEWENSTEIN e George, O'DONOGHUE, Ted. *Time Discounting and Time Preference: A Critical Review.* Journal of Economic Literature. Vol. XL. 2002. Pg. 351-401.

mas que seria útil.[44] Também foi utilizado nas mais diversas áreas, como na informática e na matemática, sendo a essência da palavra a mesma, porém visando outros fins.

Uma heurística pode ser definida como uma simples regra que explora as habilidades desenvolvidas para agir de forma rápida e as estruturas do ambiente para agir de forma precisa.[45] Em outras palavras, o cérebro capta as informações oferecidas pelo ambiente em que se encontra e, utilizando-se das habilidades já desenvolvidas (muitas vezes não suficientemente desenvolvidas para chegar a uma conclusão satisfatória), chega a uma decisão de forma ágil. Contudo, muitas vezes, tais heurísticas acabam levando os indivíduos a cometerem equívocos nas tomadas de decisão, prejudicando o resultado final das ações.

No entanto, limitações cognitivas internas, como o esquecimento e a memória limitada, podem, às vezes, aumentar, ao invés de diminuir uma performance.[46] Os estudos da racionalidade visam compreender em qual ambiente (social ou físico) uma heurística funciona e em qual (ou quais) elas falham.[47]

Uma pergunta que surge frequentemente é "por qual motivo as pessoas se utilizam das heurísticas, ao invés da racionalidade, da lógica e de outras formas mais confiáveis durante a tomada de decisão?" A resposta para isso seria a de que os indivíduos possuem capacidades cognitivas limitadas e têm de tomar decisões o tempo todo, seja decidir por qual caminho seguir para ir até a universidade ou mesmo qual decisão proferir em um caso complexo no qual não tem certeza absoluta de qual das partes possui razão. Assim, diante de tais dilemas, sejam eles simples ou complexos, o cérebro tende a utilizar atalhos como forma de decidir de forma rápida e poupar energia. O problema é que, principalmente diante de problemas

[44] ENGEL, Christoph e GIGERENZER, Gerd. *Law and Heuristics: An Interdisciplinary Venture.* In ENGEL, Christoph e GIGERENZER, Gerd. *Heuristics and Law.* Dahlen Workshop Reports. Berlim. 2004. Pg. 2

[45] ENGEL, Christoph e GIGERENZER, Gerd. *Law and Heuristics: An Interdisciplinary Venture.* In ENGEL, Christoph e GIGERENZER, Gerd. *Heuristics and Law.* Dahlen Workshop Reports. Berlim. 2004. Pg. 3.

[46] SCHOOLER, L.J. e HERTWIG, R. *How Forgetting Aids Heuristic Inference.* Psychological Review. Vol. 28. 2005. Pg. 610-628.

[47] GIGERENER, Gerd, P.M. Todd, and the ABC Group. *Simples Heuristics that Make Us Smart.* Oxford University Press. Nova York. 1999.

complexos, que exigem uma ponderação maior, tais atalhos podem ocasionar decisões cognitivas equivocadas, influenciadas pelas tendências a determinados comportamentos e pelas experiências passadas. É o caso, por exemplo, de um juiz que tenha sofrido um sequestro relâmpago ou sido vítima de algum outro crime, ou que isso tenha ocorrido com algum familiar. Quando se deparar com um caso semelhante, ele terá a tendência de ser mais rígido no estabelecimento da pena do que o faria se essas más experiências não tivessem ocorrido, mesmo que, primeiramente, nem se lembre diretamente desse fato no momento da decisão.[48]

Muitas vezes, as pessoas se deparam com problemas nos quais não é possível otimizar uma decisão, pois faltam informações acerca do assunto, não podendo prever concretamente quais efeitos essa decisão teria em suas vidas. É o caso de quando, por exemplo, é necessário escolher qual profissão seguir, ou quando alguém quer abrir o próprio estabelecimento comercial, ou tem que decidir se vale a pena casar com uma determinada pessoa. Nos exemplos citados, não há como saber o que o futuro irá trazer se for feita a escolha x ou y. Nesses casos, diante de problemas em que se está frente a incertezas[49], as heurísticas acabam sendo utilizadas, buscando calcular estatísticas e probabilidades e ter um pouco mais de certeza sobre as consequências de cada decisão.[50]

Existem duas correntes principais sobre as heurísticas que se relacionam ao Direito[51]. Para a primeira, também chamada de *Heuristics Research*, as heurísticas seriam vistas como uma solução para problemas que não podem ser otimizados (o que significa encontrar a melhor estratégia para resolução de um dado problema). É o que ocorre no Direito quando surge um caso muito complexo, com informações escassas e contraditórias, estando muitas partes envolvidas em problemas diversos e, para completar, o tempo é limitado. Em tais situações, as heurísticas seriam essenciais,

[48] Vide GIGERENZER, Gerd. Rationality for mortals: How people cope with uncertainty. Oxford University Press. Oxford. 2008.

[49] Vide KAHNEMAN, Daniel. e TVERSKY, Amos. *Judgment Under Uncertainty: Heuristics and biases*. Science. Vol. 185. 1974. Pg. 1124-1131

[50] Vide também SIMON, Herbert. *Invariants of Human Behavior*. Ann. Rev. Psycology. Vol. 41. 1954. Pg. 1-19 e SIMON, Herbert. *Rationality in Psychology and E*conomics. J. Business. Vol. 59. 1956. Pg. 209-224.

[51] GIGERENZER, Gerd. Heuristics. In ENGEL, Christoph e GIGERENZER, Gerd. Heuristics and Law. Dahlen Workshop Reports. Berlim. 2004. Pg. 17

pois não seria possível estabelecer qual a estratégia "ótima" para a solução do caso. Existindo problemas que exigem uma rápida tomada de decisão, é necessário que as heurísticas exerçam seu papel, com base na intuição e nos hábitos. Chama-se a atenção para o fato de que, para as situações em que seria necessária a utilização das heurísticas, quanto mais treinamento, estudos e preparação o indivíduo possuir, melhores serão as escolhas na hora da decisão.

Já para a segunda corrente, também chamada de *Heuristics-and-Biases*, as heurísticas são vistas, principalmente, como um problema. Em outras palavras, o uso das heurísticas seria atribuído às limitações cognitivas presentes nas pessoas, que acabariam criando ilusões cognitivas e decisões enviesadas.

Heurísticas e vieses são palavras frequentemente utilizadas como sinônimos, apesar de a primeira ser a descrição de um processo e a segunda um efeito deste. Essa corrente é a mais utilizada pela Economia Comportamental[52] e deu origem à Análise Comportamental do Direito e Economia[53], sendo a maior preocupação dos seus defensores as situações em que as heurísticas levam os indivíduos a falharem nas tomadas de decisão.[54]

Em diversas situações, é possível analisar a utilização ou inutilização de uma heurística qualquer e descrever as implicações do seu uso por indivíduos de dentro e fora do Direito. Pode-se imaginar que a análise econômica comportamental convencional do bem-estar possibilitaria determinar o quanto é desejável que se alcance determinado fim e, nesse sentido, aqueles comportamentos e desejos que não correspondessem a isso seriam considerados como resultados das falhas de mercado. No entanto, é possível acreditar, também, que os fins sociais são prescritos de acordo com princípios deontológicos[55], com uma lista objetiva de critérios de bem-estar[56], procedimentos de políticas públicas formulados[57], estudos sobre felicidade

[52] Vide Diamond, Peter e Vartiainen, Hannu. *Behavioral Economics and its applications*. Princeton: Princeton University Press, 2007.

[53] Gigerenzer, Gerd. Heuristics. In Engel, Christoph e Gigerenzer, Gerd. Heuristics and Law. Dahlen Workshop Reports. Berlim. 2004. Pg. 18

[54] Kysar, D.A. Group Report: Are Heuristics a Problem or a Solution. In Engel, Christoph e Gigerenzer, Gerd. Heuristics and Law. Dahlen Workshop Reports. Berlim. 2004. Pg. 117.

[55] SAGOF, Mark. *The Economy of the Earth*. Cambridge University Press. 1988.

[56] Nussbaum, Martha. *Women and Human Development: The Capabilities Approach*. Cambridge University Press. Cambridge, UK. 2000.

[57] Nozick, Robert. *Anarchy, State and Utopy*. Libertarian Review. Vol. 3. 1974.

e bem-estar[58] ou uma série de outros fatores que poderiam ser utilizados para elencarmos quais fins seriam os mais desejáveis. Como se pode ver, dependendo do contexto, a utilização da maximização da utilidade como critério poderá trazer mais dúvidas do que respostas.[59]

A melhor solução para tais problemas, segundo defendem alguns autores[60], seria a adoção dos critérios estabelecidos pelos estudos da *Heuristics Research*. Desse modo, a adaptação adequada das heurísticas para o ambiente específico em que se encontram e a necessidade social de um objetivo se tornam mais relevantes quando se considera o fato de que os indivíduos decidem imersos em ambientes de enorme complexidade social, econômica e política, com diversas fontes de informações que exercem influências, às vezes, conflitantes entre si, sobre seus comportamentos e decisões.

Tais ambientes exigem uma análise cuidadosa por parte dos indivíduos em decorrência de sua complexidade. De tal maneira, devem ser criados diversos modelos e pontos de identificações mútuas entre eles, reconhecendo que a racionalidade das heurísticas depende não só da relação entre mente e ambiente, mas também do fato de que a mente e o ambiente estão sujeitos a variações em virtude das influências, as quais podem ser manipuladas.

A compreensão sobre as heurísticas parte do pressuposto de que nem todas das informações estão sendo utilizadas pelos indivíduos na hora que realizam suas escolhas. Isso abriria margem para que agentes se aproveitem dessa situação para influenciar esses indivíduos a escolherem de uma determinada forma, seja estimulando-os a consumirem determinado produto ou até mesmo o legislador que busque alcançar determinado objetivo visando o bem-estar dele ou da própria sociedade como um todo. Além do mais, os estudos da *Heuristic-and-biases* ensinam que os indivíduos podem ser influenciados por alguns aspectos, frutos de pesquisas e experimentos, que habilitariam, por meio da compreensão dos resultados de pesquisas comportamentais, a manipular as escolhas individuais.

58 FREY, Bruno e STUTZER, Alois. *Happiness and Economics: How the Economy and Institutions Affect Human Well-Being.* Princeton University Press. Princeton. 2002.

59 KYSAR, Douglas. *Are Heuristics a Problem or a Solution?* In ENGEL, Christoph e GIGERENZER, Gerd. *Heuristics and Law.* Dahlen Workshop Reports. Berlim. 2004. Pg. 18

60 GIGERENER, Gerd, P.M. Todd, and the ABC Group. *Simples Heuristics that Make Us Smart.* Oxford University Press. Nova York. 1999.

Assim, os agentes do mercado estariam em situação semelhante, o que possibilitaria que estes alterassem características ambientais, propiciando um maior controle sobre os consumidores.[61] Para evitar excessos por parte do mercado perante os consumidores, alguns autores[62] sugerem que a única ferramenta política capaz de alcançar esses objetivos seria fazer com que o próprio mercado suportasse a totalidade dos danos causados pelos seus produtos, internalizando seus custos, como ocorre com os tributos pigouvianos.[63]

Isso posto, com relação às heurísticas, acredita-se ser necessário tratá-las em um sentido mais amplo, no qual elas seriam como uma espécie de sistema operacional, calculando constante e inconscientemente probabilidades, dados, consequências etc., sendo frutos da própria mente dos indivíduos.

Dessa forma, ambas as correntes (*Heuristics Research* e *Heuristic and Biases*) estão corretas, em maior ou menor grau, pois as heurísticas ora desempenham o papel de problema, ora de solução. Todavia, tendo em vista o fato de que as pessoas terão de conviver com elas até o final da vida, o melhor a fazer é ter o maior conhecimento possível acerca de como as heurísticas influenciam o comportamento, a fim de evitar ao máximo possíveis vieses aos quais elas possam conduzir, prejudicando a melhor escolha.

Chama-se a atenção para o fato de que, em virtude da plasticidade do cérebro (*neuroplasticity*)[64], ou seja, devido à grande maleabilidade deste, os indivíduos, por meio de mudanças de comportamentos ou exposição a determinados exercícios específicos, de acordo com as funções que desejam aprimorar, possuem a capacidade para mudar padrões comportamentais os quais tenham tendência a realizar. Um exemplo de tamanha maleabilidade é o de uma mulher que nasceu sem a metade esquerda do seu cérebro. *Prima facie*, imaginar-se-ia que diversas funções seriam impossibilitadas em razão de tal fato, visto que, teoricamente, cada hemisfério cerebral seria responsável por suas funções específicas. O hemisfério esquerdo

[61] HANSON, Jon e KYSAR, Douglas. *Taking Behavioralism Seriously: The Problem of Market Manipulation.* New York University Law Review. Vol. 74. 1999. Pg. 630-749.

[62] HANSON, Jon e KYSAR, Douglas. *Taking Behavioulism Seriously: Some Evidence on Marketing Manipulation.* Harvard Law Review. Vol. 112. 1999. Pg. 1420-1572.

[63] PIGOU, Arthur. *The Economics of Welfare.* Macmillan. Londres. 1920.

[64] Vide DOIDGE, Norman. *The Brain That Changes Itself: Stories of Personal Triumph From The Frontiers of Brain Science.* Penguin Group. Nova York. 2007.

é conhecido há mais de 150 anos por ser o responsável pela linguagem[65] e, partindo desse pressuposto, supõe-se que essa mulher, por não possuir a metade esquerda do cérebro, teria problemas na fala. No entanto, o que se constatou é que ela tem uma vida normal sem praticamente nenhuma dificuldade, podendo falar, trabalhar, calcular e desempenhar todas as suas funções naturais sem problemas. Isso ocorre pois o hemisfério direito do seu cérebro se adaptou e passou a realizar as funções que, normalmente, seriam do esquerdo, tamanha a capacidade desse órgão de se adequar às adversidades quando estimulado.[66]

Gerd Gigerenzer[67] estabeleceu uma lista com algumas observações sobre afirmações a respeito das heurísticas que merecem alguns comentários.

As pessoas utilizam as heurísticas somente em razão de terem suas capacidades cognitivas limitadas – O referido autor afirmou, corretamente, que essa afirmação é equivocada, pois limita as causas do uso de heurísticas exclusivamente como sendo provenientes da mente humana. Isso não ocorre, pois o uso das heurísticas é constantemente necessário para situações advindas de causas externas, como nos casos em que não se sabe exatamente o que determinada decisão irá acarretar no futuro (*judgment under uncertainty*), e o cérebro, por meio das heurísticas, calcula probabilidades que as decisões x ou y possam ocasionar. As limitações de memória, de atenção, dentre outras, podem realmente ser causas do uso das heurísticas, mas não são as únicas.

Limitações cognitivas são sempre ruins – Em muitos casos, realmente, elas podem atrapalhar de certa forma. Por exemplo, quando alguém precisa decorar um discurso para uma apresentação, mas tem dificuldades. Nesse caso a limitação cognitiva aparece como um complicador. Porém, é necessário trilhar o caminho inverso de tal afirmação a fim de verificar sua veracidade. No caso hipotético de alguém que tenha uma supermemória, por exemplo, capaz de lembrar de absolutamente tudo o que aconteceu em sua vida, o que é conhecido pela ciência como "*Hyperthimestic Syndrome*"[68], ao

[65] Vide Hugdahl, Kenneth. *Symmetry And Asymmetry In The Human Brain*. European Review. Vol. 13. 2005. Pg. 119-133.

[66] Vide Doidge, Norman. *The Brain That Changes Itself: Stories of Personal Triumph From The Frontiers of Brain Science*. Penguin Group. Nova York. 2007. Pg. 181.

[67] Gigerenzer, Gerd. *Heuristics*. In Engel, Christoph e Gigerenzer, Gerd. *Heuristics and Law*. Dahlen Workshop Reports. Berlim. 2004. Pg. 18.

[68] Vide Parker, Elizabeth; Cahill, Larry e McGaugh, James. *A Case of Unusual Autobiographical Remembering*. Psychology Press. Vol. 12. 2006. Pg. 35-49.

contrário do que muitos possam inicialmente imaginar, ou seja, que ser capaz de recordar tudo o que foi vivenciado, lido ou estudado seria algo muito bom, as pessoas que sofrem dessa síndrome afirmam se sentirem exaustas e que suas lembranças seriam fardos a carregar. O esquecimento, ao contrário do que muitos podem pensar, é crucial para o bom funcionamento da memória[69], pois o cérebro automaticamente seleciona quais acontecimentos, fatos e informações são relevantes a ponto de valer a pena guardá-los, e, na grande maioria das vezes, o faz muito bem. Dessa forma, somente as informações mais relevantes estarão à disposição na hora em que forem necessárias, evitando que informações desnecessárias venham à tona quando diante da resolução de um problema. Sendo assim, pode-se afirmar que as limitações cognitivas, nesse caso a memória limitada, nem sempre são de todo ruins.

As heurísticas são a segunda melhor solução, enquanto a otimização é a melhor – A otimização consistiria em encontrar a melhor estratégia para a resolução de um dado problema – uma decisão "ótima" para determinado caso. Ocorre que há casos em que essa otimização não é possível, como o das decisões frente a incertezas. Dessa forma, a decisão ótima não existe. Logo, uma solução que não possa existir não pode ser considerada como a melhor opção, portanto, nesses casos, as heurísticas seriam a melhor solução para tais problemas.

Rótulos como disponibilidade (availability) e representatividade (representativeness) explicariam comportamentos – o referido autor, nesse ponto, afirma que "para explicar e prever comportamentos são necessários modelos de heurísticas e não meros rótulos"[70]. O fato é que considerar os estudos de Kahneman e Tversky[71], os quais tratavam sobre o que chamaram de heurísticas da disponibilidade e da representatividade, como meros rótulos, seria agir de forma demasiadamente simplificada. Por meio de uma análise mais atenta, percebe-se facilmente que esses estudos consistem em forma eficaz de identificar tendências em comportamentos, tendo-se chegado a essas conclusões por meio de diversos testes e experiências.

[69] Vide Schacter, Daniel L. *The Seven Sins of Memory: Insights From Psychology and Cognitive Neuroscience.* American Psychologist. Vol. 54. 1999. Pg. 182-203.

[70] Gigerenzer, Gerd. *Heuristics.* In Engel, Christoph e Gigerenzer, Gerd. *Heuristics and Law.* Dahlen Workshop Reports. Berlim. 2004. Pg. 19.

[71] Vide Kahneman, Daniel. e Tversky, Amos. *Judgment Under Uncertainty: Heuristics and biases.* Science. Vol. 185. 1974. Pg. 1124; 1127; Vide também Kahneman, Daniel. *Thinking Fast and Slow.* Penguin Books. Nova York. 2012.

Mais informação é sempre melhor – Tal premissa não procede. A maior parte dos modelos de racionalidade afirmam que a qualidade da decisão aumenta, ou pelo menos não diminui, quanto mais informações disponíveis se tem sobre o problema. Tal fundamentação é falha pois, frequentemente, a relação entre o número de informações e a qualidade das previsões é inversamente proporcional[72]. Isso se dá porque, ao ignorar informações, as heurísticas podem levar a melhores soluções do que estratégias que utilizem todas as informações relevantes.[73] Experimentos demonstraram, nesse sentido, que jogadores de golf e demais esportistas tendem a tomar melhores decisões quando têm menos tempo para agir[74].

Como se pode perceber, as heurísticas são como um sistema operacional de tomadas de decisões, o qual é utilizado a todo momento, principalmente quando se está frente a incertezas e é necessário agir rapidamente. Apesar de serem essenciais para os indivíduos, frequentemente, no entanto, levam a decisões equivocadas, prejudicando a melhor escolha, razão pela qual se faz necessária maior compreensão sobre o assunto, visando obter meios para utilizá-las de modo a otimizar seus resultados, não somente na vida cotidiana como também na elaboração de leis e políticas públicas.

1.4. A teoria da escolha racional e as heurísticas

Como demonstrado, escolhas e julgamentos individuais são frequentemente influenciados pelas heurísticas e vieses. Isso se dá em virtude de diversos fatores: dentre eles, a impossibilidade de, em alguns casos, ter-se uma "decisão ótima". Dessa forma, fica evidente que as decisões nem sempre irão maximizar a utilidade esperada. Além do mais, o fato de os indivíduos que legislam também serem influenciados pelas heurísticas e vieses demonstra que a lei não irá, necessariamente, maximizar o bem da coletividade e que as leis elaboradas para incentivar determinados

72 GIGERENZER, Gerd; TODD, Peter e ABC Research Group. *Simple Heuristics That Makes Us Smart.* Oxford University Press. Oxford. 1999. Pg. 20

73 GIGERENZER, Gerd. *Heuristics.* In ENGEL, Christoph e GIGERENZER, Gerd. *Heuristics and Law.* Dahlen Workshop Reports. Berlim. 2004. Pg. 21

74 BEILOCK, S.L.; CARR, C. MacMahon e STARKES, J.L. *When Paying Attention Becomes Counterproductive: Impact of Divided Versus Skill-Focused Attention On Novice and Experienced Performance of Sensorimotor Skills.* J. Exp. Psychol. Appl. Vol. 8. 2002. Pg. 6-16 e JOHNSON, J.G. e RAAB, M. *Take the First: Option Generation and Resulting Choices.* Organizational Behavior and Human Decision Processes. Vol. 91. 2003. Pg. 215-229.

comportamentos nem sempre irão ser lapidadas da melhor maneira possível para alcançar seus objetivos.[75]

A maioria das teorias consequencialistas, tais como a Teoria da Escolha Racional, baseiam-se em previsões positivas, consistindo em regras legais que visam promover incentivos a comportamentos específicos e comprometimentos normativos, que consistem no fato de que prover incentivos comportamentais é a função mais importante da lei.[76]

Para as perspectivas consequencialistas, uma regra legal deve ter um dos seguintes objetivos: i) facilitar a ordem privada, de modo que os indivíduos maximizem suas utilidades subjetivas frente às limitações externas, ou seja, que o indivíduo calcule dentre as possibilidades possíveis e escolha aquela que terá a maior possibilidade de utilidade; ii) proporcione incentivos privados para comportamentos que irão maximizar o bem-estar social ou o bem-estar de um grupo específico por meio do incentivo ou desincentivo a determinadas condutas; ou iii) melhore o bem-estar social ou o bem-estar de um grupo específico diretamente, como, por exemplo, por meio das alocações de recursos.[77]

A Teoria da Escolha Racional possui mais de uma versão, havendo algumas discrepâncias entre uma e outra. No entanto, todas elas entendem que os indivíduos, quando decidem, sempre processam informações, fazem escolhas e buscam maximizar sua utilidade esperada, ou seja, o diferencial entre os benefícios e os custos esperados.

Dentre as diferentes versões, destacam-se duas: a chamada de versão larga (*Thick version*) e a chamada versão estreita (*Thin version*). A versão larga da Teoria da Escolha Racional atribui preferências e crenças específicas aos indivíduos, enquanto a versão estreita não as especifica.[78]

Um problema com relação ao ponto de vista defendido pela Teoria da Escolha Racional é que ela afirma que o indivíduo, quando decide, irá realizar uma análise de custo-benefício utilizando todos os fatos relevantes e

[75] KOROBKIN, Russel. *The Problems With Heuristics for Law.* In ENGEL, Christoph e GIGERENZER, Gerd. *Heuristics and Law.* Dahlen Workshop Reports. Berlim. 2004. Pg. 45.
[76] KOROBKIN, Russel. *The Problems With Heuristics for Law.* In ENGEL, Christoph e GIGERENZER, Gerd. *Heuristics and Law.* Dahlen Workshop Reports. Berlim. 2004. Pg. 45.
[77] KOROBKIN, Russel. *The Problems With Heuristics for Law.* In ENGEL, Christoph e GIGERENZER, Gerd. *Heuristics and Law.* Dahlen Workshop Reports. Berlim. 2004. Pg. 45.
[78] KOROBKIN, Russel e ULEN, Thomas. *Law and Behavioral Science: Removing the Tradicionality Assumption From Law and Economics.* California Law Review. Vol. 88. Pg. 2000. Pg. 1060-1070.

informações a que tem acesso sobre o que está decidindo. Contudo, frequentemente, essas informações serão insuficientes para decidir, e a pessoa pode se encontrar diante de casos difíceis sem o conhecimento das consequências que determinada escolha ocasionará. Nesses casos, os indivíduos, mesmo sem perceber, utilizam as heurísticas, que podem contribuir com uma decisão ou julgamento satisfatório, ainda havendo possibilidade considerável de acarretar erros e decisões enviesadas.

Essas heurísticas são essenciais, todavia, para o dia-a-dia, pois não será possível ter conhecimento, informações e até mesmo tempo para tomar determinadas decisões, sendo necessária a utilização das heurísticas para solucionar problemas. Dessa forma, é possível dizer que as heurísticas possuem um caráter adaptativo[79], pois são uma adaptação dos seres humanos a problemas enfrentados constantemente todos os dias e que necessitam de uma decisão rápida e eficaz, mesmo quando se está decidindo diante do incerto.

No entanto, apesar de serem essenciais em diversas ocasiões, segundo Korobkin, as heurísticas acabam, frequentemente, ocasionando dois problemas quando relacionadas ao Direito. O primeiro seria levar os indivíduos sujeitos ao sistema legal a realizarem escolhas e julgamentos equivocados em razão do fato de que eles seriam influenciados, muitas vezes, a subvalorizar ou supervalorizar algumas informações em virtude de suas preferências pessoais. A utilização das heurísticas implica negligenciar pelo menos alguma informação possivelmente relevante e, se a heurística não for precisamente adequada ao problema, o processo de tomada de decisão chegará a resultados indesejados em termos qualitativos. Por exemplo, quando o indivíduo puder decidir entre A, B ou C, dependendo de como ele receber tais informações (heurística da disponibilidade[80]) ou de como ele tiver estereotipada determinada informação (heurística da representatividade[81])[82], suas escolhas poderão variar, sendo muitas vezes

[79] Gigerenzer, Gerd. *Why Heuristics Work. Association For Psychological Science*. Vol. 3. 1999. Pg. 20-29.

[80] Vide Kahneman, Daniel e Tversky, Amos. *Judgment Under Uncertainty: Heuristics and Biases*. Science. Vol. 185. 1974. Pg. 1127.

[81] Vide Kahneman, Daniel e Tversky, Amos. *Judgment Under Uncertainty: Heuristics and Biases*. Science. Vol. 185. 1974. Pg. 1124.

[82] Korobkin, Russel e Ulen, Thomas. *Law and Behavioral Science: Removing the Rationality Assumption From Law and Economics*. California Law Review. Vol. 88. Pg. 2000. Pg. 1060-1070.

enviesadas em razão de heurísticas. Um caso parecido pode ocorrer também com o consumidor que, em razão do viés da confirmação[83], superestime os benefícios e subestime suas desvantagens.[84] Tal viés é utilizado por fabricantes de produtos perigosos para induzir os consumidores a subestimarem os riscos de se ferirem com eles.[85] É interessante, também, o fato constatado de que os juristas estariam menos vulneráveis a serem negativamente influenciados por heurísticas e vieses e que estudar sobre estatísticas ajudaria a evitar desvios na tomada de decisão.[86] Todavia, há pesquisas que indicam que os juízes, quando se deparam com julgamentos sobre questões que envolvem probabilidade, tendem a utilizar mais as heurísticas do que a lógica dedutiva para resolvê-las.[87]

Dessa forma, conclui-se que, em algumas situações, não será possível escolher a opção de maximizar a utilidade esperada por dois motivos: o primeiro, porque se estará decidindo sob incertezas, ou seja, não é possível prever as consequências que a escolha acarretará; o segundo, porque, quando estiver decidindo, o indivíduo estará constantemente sujeito a ter suas escolhas enviesadas por heurísticas que poderão atrapalhar e levar a julgamentos equivocados.

1.5. As heurísticas e a legislação: como melhorar o processo legislativo utilizando as heurísticas

Ao decidir de qual forma uma determinada norma legal será formulada, deve-se ter em conta o contexto, o tipo de problema e o ambiente em que os indivíduos afetados estarão quando forem tomar suas decisões. Assim, será necessário pensar em uma forma apropriada de utilizar as heurísticas a fim de solucionar problemas e alcançar resultados satisfatórios.

De acordo com a Análise Econômica do Direito, qualquer objetivo que a elaboração de uma lei possa ter implicaria utilização de modelos que

[83] Vide NICKERSON, Raymond. *Confirmation Bias: A Ubiquitous Phenomenon in Many Guises.* Review of General Psychology. Vol. 2. 1998. Pg. 175-220.

[84] RACHLINSKI, Jeffrey. *The Uncertain Psychological Case for Paternalism.* Northwestern University Law Review. Vol. 97. 2003. Pg. 1178-1187.

[85] HANSON, Jon e KYSAR, Douglas. *Taking Behavioralism Seriously: A Response To Market Manipulation.* New York University Law Review. Vol. 74. 1999. Pg. 724-733.

[86] MITCHELL, Gregory. *Why Law and Economics Perfect Rationality Should Not Be Traded For Behavioral Law and Economics Equal Competence.* Georgetown Law Jornal. Vol. 49. 2002. Pg. 37.

[87] GUTHRIE, Chris; RACHLINSKI, Jeffrey e Wistrich, Andrew. *Inside Judicial Mind.* Cornell Law Review. Vol. 86. 2001. Pg. 777-830.

levassem em conta a Teoria da Escolha Racional. Esses modelos acabariam auxiliando na legislação, identificando quanto comprometimento social é necessário para que se alcance determinado objetivo. Por exemplo, se o governo busca diminuir a taxa de homicídios, ele deverá verificar qual o grau de rigidez de uma determinada lei para que esta obtenha o resultado desejado. Contudo, resultados expressivos podem ser obtidos desse modelo somente se: eles forem baseados em modelos empíricos de comportamento validos; eles especificarem de forma completa e precisa todos os custos e benefícios possíveis de uma determinada ação; eles apresentarem uma regra capaz de ponderar esses custos e benefícios em uma solução única, que seria a solução a ser adotada. Todavia, não raras as vezes, não será possível especificar tais custos, benefícios e ponderações de uma forma viável. Em tais casos, as heurísticas poderiam prover uma solução mais adequada para o caso concreto, em razão de sua natureza adaptativa.[88]

Os seres humanos diferem entre si em diversos aspectos, inclusive durante a tomada de decisão. Enquanto alguns decidem melhor quando estão tranquilos e despreocupados, outros decidem melhor quando estão sob pressão. Sabendo disso, a psicologia tende a isolar as características do comportamento humano, tentando compreender as emoções e estímulos que incentivam as pessoas a adotar uma determinada postura e realizar determinados atos.[89] As leis, por sua vez, preocupam-se com os aspectos externos que guiam e limitam o comportamento humano.[90] Sendo assim, a relação entre essas duas áreas se dá no sentido de que somente será possível selecionar normas jurídicas capazes de influenciar e alcançar determinados objetivos de forma eficaz, se houver a compreensão das possíveis reações comportamentais que os indivíduos sujeitos às normas terão. Para isso, é necessário compreender quais fatores influenciam na tomada de decisão, a fim de que se possa estabelecer quais normas terão maior eficiência na condução do comportamento humano.

Uma boa maneira é dividir esse raciocínio em algumas questões mais específicas, tais como qual o nível de complexidade que uma norma jurídica deverá ter para alcançar o seu objetivo. Isso quer dizer que uma norma tem

[88] KYSAR, Douglas. *Are Heuristics a Problem or a Solution?* In ENGEL, Christoph e GIGERENZER, Gerd. *Heuristics and Law.* Dahlen Workshop Reports. Berlim. 2004. Pg. 132.

[89] EPSTEIN, Richard. *The Optimal Complexity of Legal Rules.* U Chicago Law & Economics, Olin Working Paper No. 210. 2004.

[90] HART, Herbert. *The Concept of Law.* Oxford University Press. Oxford. 1961.

de ser complexa na medida certa, pois se possuir um grau de complexidade muito elevado não será capaz de atingir seu objetivo de forma eficiente, visto que pode não ser compreendida, o que dificultaria sua observância.

Na opinião de alguns autores[91], entretanto, essa questão seria fácil de ser resolvida se fosse limitada na certeza de que o indivíduo decide pensando, de forma racional, somente em si. Ocorre que tais questões não se limitam somente a esse aspecto, mas abrangem fatores mais complexos que acabam tornando-as algo mais difícil de ser resolvido. Dessa maneira, o sistema jurídico tem não somente que corrigir as imperfeições dos seres humanos no que diz respeito às suas limitações cognitivas, mas deve se preocupar, também, com questões motivacionais, incentivando condutas a fim de mitigar externalidades causadas pelo comportamento humano. É o caso, por exemplo, dos tributos com fins ambientais e das demais normas tributárias indutoras.

Para além disso, as normas jurídicas não devem se preocupar apenas em ajudar os indivíduos a realizarem melhores escolhas, mas também devem restringir o conjunto de fins permitidos, a fim de facilitarem aqueles para os quais elas foram criadas.[92] Essas duas preocupações, às vezes, levam à elaboração de processos de decisões coletivas complexos[93], para, então, em segundo passo, à adoção de regras simples que estabeleçam limites claros para o comportamento humano, tornando a norma, assim, mais eficaz.[94] É uma ilusão acreditar que qualquer norma será capaz de guiar os indivíduos de maneira eficaz.[95] Na prática, quando decidem, um ou dois elementos são separados dos demais e as escolhas são feitas com base nestes.[96] De tal maneira, quanto mais fundamentada e concreta for a norma e as decisões com base nela, menos os indivíduos serão afetados negativamente pelas heurísticas e vieses.[97]

[91] EPSTEIN, Richard. *The Optimal Complexity of Legal Rules.* U Chicago Law & Economics, Olin Working Paper No. 210. 2004.

[92] EPSTEIN, Richard. *The Optimal Complexity of Legal Rules.* University of Chicago Law & Economics, Olin Working Paper No. 210. 2004. Pg. 142.

[93] EPSTEIN, R. *Simple Heuristics That Make Us Smart.* Oxford University Press. Oxford. 2003.

[94] EPSTEIN, R. *Simple Rules for a Complex World.* Harvard University Press. Cambridge, EUA. 1995.

[95] GIGERENER, Gerd, P.M. Todd, and the ABC Group. *Simples Heuristics that Make Us Smart.* Oxford University Press. Nova York. 1999.

[96] EPSTEIN, Richard. *The Optimal Complexity of Legal Rules.* University of Chicago Law & Economics, Olin Working Paper No. 210. 2004.

[97] KAHNEMAN, Daniel e TVERSKY, Amos. *Judgment Under Uncertainty: Heuristics and Biases.* Science. Vol. 185. 1974.

Deve-se buscar, assim, maneiras de incentivar que os cidadãos, a partir de sua individualidade, contribuam para a utilidade social geral por meio de suas ações e da criação de leis capazes de fazer com que eles ajam de determinada forma a fim de que, com a somatória de suas atitudes, ocorra aumento no bem-estar social.

Com efeito, os seres humanos possuem sua racionalidade limitada por diversos fatores. Diversos estudos demonstraram tendências durante a tomada de decisão que acabam por enviesar as escolhas dos indivíduos, pois estes são influenciados por razões culturais, ambientais etc, que podem acarretar uma escolha que não corresponda à melhor decisão, aquela que seria tomada se eles não sofressem os efeitos desses desvios cognitivos. Com essas informações, estudiosos buscaram meios para tentar diminuir as influencias negativas na tomada de decisão.

Não é de surpreender que um crescente grupo de juristas têm focado em analisar como o comportamento humano tende a desviar sistematicamente do que seria considerado a melhor escolha. Com base nesses conhecimentos, buscam antecipar os possíveis efeitos que determinada norma juridica irá ocasionar na maneira de agir dos indivíduos, levando em conta, também, os aspectos das limitações cognitivas de quem a elabora. Como visto, tal preocupação é crucial para o Direito, em razão de ser do interesse de todos que as normas jurídicas sejam eficazes. Além disso, tais normas, quando levam em conta a Racionalidade Limitada dos indivíduos, estão cumprindo o seu papel de orientar os cidadãos para que adotem determinados comportamentos específicos que podem contribuir para o seu bem-estar.

Regras e instituições podem ser, e frequentemente são, utilizadas para reduzir, ou mesmo bloquear, escolhas, na esperança de evitar que os resultados sejam prejudicados em função da Racionalidade Limitada.[98] Essa Racionalidade Limitada, na escola da Análise Comportamental do Direito e Economia, é, frequentemente, utilizada como justificativa para restingir as escolhas individuais, sob o fundamento de, em razão disso, ser necessária a adoção de uma estratégia para proteger os cidadãos dessas limitações cognitivas durante suas decisões.[99]

[98] JOLLS, Christine e SUNSTEIN, Cass. *Debiasing Through Law*. Journal of Legal Studies. Vol. 35. 2006. Pg. 1.

[99] RACHLINSKI, Jeffrey. *The Uncertain Psychological Case for Paternalism*. Northwestern University Law Review. Vol. 97. 2003. Pg. 1165-1225.

Um exemplo[100] de como o Direito pode auxiliar em possíveis problemas ocasionados pela Racionalidade Limitada é a tendência que os litigantes têm de avaliar possíveis resultados de um julgamento sob a luz de suas próprias perspectivas e interesses. O polo ativo em um processo judicial, embora tenha conhecimento exatamente das mesmas informações que a parte ré, tende a acreditar que a probabilidade de vitória no processo é muito maior comparada a do polo passivo da ação. Com base nisso, percebeu-se[101] que seria possível evitar tal viés simplesmente apresentando aos litigantes os pontos fracos no seu caso ou as razões pelas quais o juiz poderia decidir de forma contrária ao que eles pleiteiam.

Há quem defenda, entretanto, com bons argumentos, que é necessário enfatizar a mitigação dos possíveis desvios nas tomadas de decisão utilizando o aspecto legislativo do Direito. Para haver efetividade, é necessário que ocorram mudanças na maneira de elaborar as normas jurídicas de maneira concreta, facilitando, assim, a compreensão das mesmas pelos indivíduos a elas submetidos, observando os possíveis efeitos que irão causar no comportamento humano.[102]

Nesse sentido, propondo pequenas soluções para os desvios na tomada de decisão a partir da legislação, Jolls e Sunstein[103] formularam algumas hipóteses para combater vieses específicos que costumam levar frequentemente a erros de julgamento, pois, para eles, as heurísticas e os vieses moldam as decisões humanas. A heurística da disponibilidade, por exemplo, não raras vezes, leva as pessoas a bons resultados quando se veem diante de situações em que necessitam decidir sem possuir todas as informações a respeito do que está em jogo, porém isso pode também levar a erros de julgamento. A possibilidade de um erro na decisão não significa que o indivíduo está escolhendo de forma irracional por não haver plausabilidade na justificação da sua escolha, mas é irracional no sentido de que a racionalidade é limitada, ou seja, as limitações nas decisões cognitivas possuem um caráter de irracionalidade, razão pela qual, mesmo nos casos

[100] BABCOCK, Linda; LOEWENSTEIN, George; ISSACHAROFF, Samuel, e CAMERER, Colin. *Biased Judgments of Fairness in Bargaining.* American Economic Review 85. 1995. Pg. 1337-43.

[101] BABCOCK, Linda; LOEWENSTEIN, George; ISSACHAROFF, Samuel. *Creating Convergence: Debiasing Biased Litigants.* Law and Social Inquiry. Vol. 22. 1997. Pg. 913-25.

[102] JOLLS, Christine e SUNSTEIN, Cass. *Debiasing Through Law.* Journal of Legal Studies. Vol. 35. 2006. Pg. 3.

[103] JOLLS, Christine e SUNSTEIN, Cass. *Debiasing Through Law.* Journal of Legal Studies. Vol. 35. 2006.

em que as decisões são razoáveis ou satisfatórias, podem ocorrer equívocos e erros sistemáticos.[104]

Um viés de extrema relevância para os referidos autores é o do otimismo excessivo, o qual tende a fazer com que os indivíduos acreditem que a chance de obterem um resultado negativo é menor do que a real probabilidade disso ocorrer. Profissionais experientes da área financeira tendem a superestimar os possíveis lucros que as empresas nas quais trabalham terão, enquanto estudantes universitários tendem a superestimar o salário inicial e o número de propostas de emprego que receberão ao se formarem.[105]

Decisões equivocadas em razão do viés do otimismo excessivo podem ser evitadas por meio da utilização da heurística da disponibilidade, a qual tende a levar os indivíduos ao conhecimento das reais probabilidades de ocorrer determinado acontecimento, evitando, assim, que eles superestimem a possibilidade de terem resultados positivos, e, como consequência, evita-se também que tenham sua decisão prejudicada.[106] Cabe lembrar, no entanto, que a heurística da disponibilidade pode levar os cidadãos a cometerem erros de julgamentos, uma vez que, dependendo de como a informação for exposta a eles, suas reações, mesmo se tratando de informações idênticas, poderão ser completamente diversas. Uma série de estudos acerca do comportamento dos fumantes[107] demonstrou que eles tendem a acreditar mais fortemente que o cigarro possa ser prejudicial à sua saúde se forem alertados mais especificamente sobre os danos. Em razão disso é que as embalagens de cigarro passaram a ter ilustrações e alertas sobre alguns danos que podem ser causados pelo seu consumo. Outro exemplo de como as pessoas julgam de forma excessivamente positiva alguns riscos

104 JOLLS, Christine; SUNSTEIN, Cass and THALER, Richard. *Theories and Tropes: A Reply to Posner and Kelman.* Stanford Law Review. Vol. 50. 1998. Pg. 1594.

105 ARMOUR, David, and TAYLOR, Shelley. *When Predictions Fail: The Dilemma of Unrealistic Optimism.* In *Heuristics and Biases: The Psychology of Intuitive Judgment*, edited by Thomas Gilovich, Dale Griffin, and Daniel Kahneman. Cambridge University Press. Nova York. 2002. Pg. 334-35.

106 NISBETT, Richard; BORGIDA, Eugene; CRANDALL, Rick e REED, Harvey. *Popular Induction: Information Is Not Necessarily informative.* In KAHNEMAN, Daniel; SLOVIC, Paul; TVERSKY, Amos. *Judgment Under Uncertainty.* Cambridge University Press. Nova York. 1982. Pg. 101-16.

107 SLOAN, Frank A.; TAYLOR, Donald e SMITH, Kerry. *The Smoking Puzzle: Information, Risk Perception, and Choice.* Harvard University Press. Cambridge, EUA. 2003. Pg. 157.

e de como isso pode ser corrigido por meio da heurística da disponibilidade é o fato de a maioria das pessoas subestimar o risco de ter câncer, o que mudaria completamente se elas fossem alertadas sobre estatísticas a respeito do risco real de desenvolverem a doença.[108]

Outra maneira de evitar desvios na tomada de decisão decorrentes do otimismo excessivo é manejar a heurística do enquadramento, pois os seres humanos tendem a valorar mais as perdas do que os ganhos, ou seja, eles se sentem mais tristes quando perdem determinado objeto X do que se sentem felizes quando ganham o mesmo objeto X. Logo, enquadrar as informações apresentadas aos indivíduos de forma a fazê-los atribuir mais valor à possível perda que possam sofrer pode auxiliar na tomada de uma melhor decisão.[109]

Um exemplo clássico dos efeitos causados pela heurística do enquadramento é o de um estudo sobre o risco de desenvolver câncer de mama e a importância da prevenção. Nesse experimento, foi constatado que um material descrevendo os efeitos positivos do autoexame, como detectar o câncer no início e, consequentemente, a chance de cura ser maior, produz determinadas mudanças no comportamento pequenas no sentido de estimular as pessoas a realizarem o autoexame e se prevenir. Por outro lado, um material que demonstre os efeitos negativos de não realizá-lo, como uma menor chance de descobrir o tumor quando ele ainda tem cura, mostra-se mais efetivo.[110] Sabendo dessa tendência, é possível combater o otimismo excessivo utilizando a heurística do enquadramento, a qual fará com que as pessoas, por meio de incentivos realizados com base no conhecimento das tendências dos seres humanos quando decidem, atribuam maior importância às informações relevantes.

Todavia, nem sempre essas ações vão surtir o efeito esperado na melhora da tomada de decisão. Muitas pessoas estão propensas a ignorar as mais claras evidências sobre determinado assunto, mesmo que tenham plena certeza da resposta correta, caso o grupo no qual estejam inseridas pense

[108] WEINSTEIN, Neil. *Unrealistic Optimism about Future Life Events.* Journal of Personality and Social Psychology. Vol. 39. 1980. Pg. 806-20.

[109] JOLLS, Christine e SUNSTEIN, Cass. *Debiasing Through Law.* Journal of Legal Studies. Vol. 35. 2006. Pg. 12-3.

[110] MEYEROWITZ, Beth e CHAIKEN, Shelly. *The Effect of Message Framing on Breast Self-Examination: Attitudes, Intentions, and Behavior.* Journal of Personality and Social Psychology. Vol. 50. 1987. Pg. 505.

unanimemente de forma oposta.[111] Essa tendência, contudo, é significantemente reduzida quando escolher a resposta correta acarreta alguma recompensa financeira.[112]

Sobre esse último dado, para os mais conservadores, se uma suposta racionalidade limitada é eliminada por meio de incentivos financeiros, então provavelmente essa tomada de decisão equivocada que ocorria antes de surgir o incentivo financeiro seria em razão simplesmente de o indivíduo agir de forma relapsa na hora de realizar a escolha. Seria uma simples indiferença para com o resultado e não fruto da racionalidade limitada.[113]

Sunstein e Jolls[114] apresentam, ainda, soluções para aprimorar resultados provenientes das decisões cognitivas através do direito empresarial, com relação às quais se fará uma analogia, no presente trabalho, de forma a adequá-las às políticas públicas de uma forma geral.

Uma das maneiras essenciais para garantir um resultado mínimo desejável, tanto para uma empresa como para as políticas públicas implementadas pelos governos, é o controle por órgãos externos. Em ambos os casos, não raro, os órgãos os quais deveriam fazer o acompanhamento dos atos da Administração Pública não possuem meios legais de efetivar suas políticas, ou seja, não há *enforcement* suficiente para que tais medidas sejam obedecidas, como ocorre, às vezes, com os Tribunais de Contas.[115]

Tal controle externo é necessário por diversas razões.[116] Dentre elas está o fato de que pode auxiliar no resultado de algumas decisões afetadas negativamente por vieses e heurísticas, tanto pelos administradores públicos como privados[117], pois eles tendem a ter o seu comportamento

111 Asch, Solomon. *Opinions and Social Pressure. Scientific American* Vol. 193. 1955. Pg. 31-40.

112 Baron, Robert S., Vandello Joseph A., and Brunsman, Bethany. *The Forgotten Variable in Conformity Research: Impact of Task Importance on Social Influence.* Journal of Personality and Social Psychology *Vol.* 71. 1996. Pg. 915-27.

113 Jolls, Christine e Sunstein, Cass. *Debiasing Through Law.* Journal of Legal Studies. Vol. 35. 2006. Pg. 19.

114 Jolls, Christine e Sunstein, Cass. *Debiasing Through Law.* Journal of Legal Studies. Vol. 35. 2006. Pg. 19-20.

115 Para estudos aprofundados a respeito do Controle dos atos da Administração Pública vide Freitas, Juarez. *O Controle dos Atos Administrativos.* Malheiros. São Paulo. 2013.

116 Vide Brudney, Victor. *The Independent Director – Heavenly City or Potemkin Village?* Harvard Law Review. 1982. Pg. 598-99.

117 Vide Langevoort, Donald. *Insider Trading Regulation.* Clark Boardman Callaghan. 1988. Pg. 139-41; Langevoort, Donald. *The Human Nature of Corporate Boards: Law, Norms, and the*

influenciado por tais fatores em função de sua racionalidade limitada. Dentre os vieses que frequentemente acabam por "cegar" administradores, destaca-se o do otimismo excessivo, que os faz crer que são melhores e tomam melhores decisões do que realmente são.[118]

Diversas evidências demonstram que os julgamentos equivocados, frequentemente, são realizados por pessoas que pensam de forma muito semelhante, o que faz com que, por exemplo, os membros de um conselho de administração mais otimistas levem os outros membros a fortalecer ainda mais suas opiniões prévias e se deixarem levar pelo excesso de otimismo. Isso pode ocasionar um julgamento errôneo e uma falsa impressão de que determinado posicionamento é o correto, justamente por faltar uma opinião externa ou uma opinião contrária para que haja um sopesamento de ideias levando à melhor decisão a ser tomada. Dessa forma, a opinião externa seria de notável valor para evitar desvios nas escolhas de administradores públicos e privados.[119]

Nesse sentido, devem ser evitados desvios na percepção de fatos sobre determinado produto, que são utilizados pelos fabricantes e revendedores para induzir os possíveis adquirentes a subestimar informações negativas acerca do produto ou a superestimar características positivas, levando-os a equívocos na tomada de decisão.

No Direito Tributário, uma maneira de causar diminuição nas sonegações fiscais, sem prejuizo de tornar as leis mais rígidas e menos complexas, é diminuir a burocracia.[120] Outra estratégia, conforme comprovado por experimentos realizados pelo departamento de estudos comportamentais do Reino Unido, é apresentar as informações sobre a proporção de pessoas que sonegaram impostos e foram autuadas por tal conduta, utilizando, dessa forma, a heurística da disponibilidade[121] para desincentivar a sonegação fiscal.[122]

Unintended Consequences of Independence and Acountability. Georgetown Law Journal. Vol. 89. 2001. Pg. 803-9.

[118] LANGEVOORT, Donald. *The Human Nature of Corporate Boards: Law,Norms, and the Unintended Consequences of Independence and Accountability.* Georgetown Law Journal. 2001. Pg. 598-99.

[119] JOLLS, Christine e SUNSTEIN, Cass. *Debiasing Through Law.* Journal of Legal Studies. Vol. 35. 2006. Pg. 20.

[120] SUNSTEIN, Cass. *Simpler: The Future of Government.* Simon & Schuster. Nova York. 2013. Pg. 41.

[121] Sobre a heurística da disponibilidade vide capítulos 2.4.5 e 3.7.4.

[122] Vide https://www.gov.uk/government/publications/fraud-error-and-debt-behavioural-insights-team-paper

Um fato digno de ser lembrado é o de que nem todos os indivíduos são suscetíveis à racionalidade limitada, pelo menos não no mesmo nível.[123] Com base nessa informação, é preciso alertar para a possibilidade, por meio da utilização de estratégias baseadas em heurísticas, de que os cidadãos tenham sua decisão influenciada paradoxalmente, podendo acarretar um efeito contrário ao desejado.[124] Esse efeito se refere a quando as pessoas não são afetadas pela heurística X, mas acabam tendo sua decisão afetada negativamente pela heurística Y e isso deve ser levado em conta na hora de estabelecer estratégias para que os cidadãos não sejam prejudicados por suas limitações cognitivas.

Além do mais, essas políticas correm o risco de terem resultados excedentes em relação ao objetivo inicial. Por exemplo, ao criar uma política regulatória visando a atenção para o uso de determinado produto, demonstrando os danos que este pode causar aos usuários, há sempre o risco de que, se tal medida não for aplicada na intensidade adequada, poderá ter como consequência um efeito além do desejado inicialmente. Isso pode causar uma aversão excessiva, prejudicando sua comercialização e o mercado. Dessa forma, testar algumas medidas antes de aplicá-las definitivamente pode ser uma boa estratégia para calibrá-las de sorte a propiciar o alcance exato dos seus objetivos.[125]

Outro aspecto a ser observado é o de que, em função do modo como o mundo político funciona, existe o risco de politicos utilizarem essas medidas, sob o rótulo de "diminuir a racionalidade limitada dos indivíduos", para seus interesses próprios. Também pode ocorrer manipulação em benefício de empresas privadas com grande poder de influência, como, por exemplo, para incentivar a aquisição de determinados produtos ou substituir produtos existentes por outros. Todavia, as pessoas já estão constantemente sujeitas a esses riscos, pois as leis e políticas públicas sempre podem apresentar tais desvios. Logo, o que deve ser obrigatório na formulação e na implementação de políticas é ampliar a transparência[126], para

[123] MITCHELL, Gregory. *Why Law and Economics' Perfect Rationality Should Not Be Traded for Behavioral Law and Economics' Equal Incompetence.* Georgetown Law Journal. Vol. 91. 2002. Pg. 83-119; 139-67.

[124] JOLLS, Christine e SUNSTEIN, Cass. *Debiasing Through Law.* Journal of Legal Studies. Vol. 35. 2006. Pg. 34.

[125] JOLLS, Christine e SUNSTEIN, Cass. *Debiasing Through Law.* Journal of Legal Studies. Vol. 35. 2006. Pg. 34.

[126] Sobre transparência, uma boa iniciativa foi a criação da lei nº 12.741/12, de 8 de dezembro de 2012, que prevê a obrigatoriedade do destaque nas notas fiscais dos valores aproximados

que toda a população tenha consciência de que está sendo influenciada, além da necessidade de controle rigoroso por parte de órgãos externos e independentes, com o menor enviesamento possível.[127]

Além disso, os legisladores, bem como os demais responsáveis pelas políticas públicas, são cidadãos comuns, o que faz com que também estejam sujeitos a se utilizarem de heurísticas que poderão acarretar vieses passíveis de prejudicar as suas decisões. O que talvez seja capaz de atenuar essas influências prejudiciais é o fato de os responsáveis pela elaboração das leis, na maioria das vezes, serem um grupo numeroso, razão pela qual se presume que irão debater intensamente antes de implementar uma determinada medida.

Outra sugestão para a implementação de políticas visando a evitar decisões influenciadas pela racionalidade limitada seria a criação de um órgão constituído de profissionais altamente qualificados e especializados, que serviriam de auxílio para tornar as políticas e regras menos custosas aos cofres públicos e menos complexas, facilitando maior observância por parte da população. Tal medida já foi adotada e tem apresentado excelentes resultados em países como os Estados Unidos e o Reino Unido, o que demonstra a importância da criação desses órgãos especializados em *Behavioral Law*, tanto para o governo como para os cidadãos.

Conforme visto, o surgimento das teorias acerca da tomada de decisão se deu em razão da percepção do fato de que, para tornar as normas e políticas públicas mais eficazes, é essencial a compreensão sobre como os indivíduos decidem e quais fatores influenciam suas escolhas. Com isso, torna-se possível o aperfeiçoamento do sistema jurídico, facilitando que os objetivos pelos quais essas medidas serão adotadas, sejam alcançados.

de tributos pagos no produto que está sendo adquirido. Vide BRASIL. Lei nº 12.741, de 8 de dezembro de 2012.

[127] Vide MILL, John Stuart. *Considerations on Representative Government*. Parker, Son and Bourn. West Strand. 1861.

2
A TEORIA DA ANÁLISE COMPORTAMENTAL DO DIREITO E ECONOMIA

Após a abordagem das principais teorias da decisão, será tratado, especificamente, acerca da Análise Comportamental do Direito e Economia, ramo proveniente da Análise Econômica do Direito clássica.[128]

2.1. Paternalismo libertário

Um termo que causou bastante discussão no mundo acadêmico foi o que Cass Sunstein e Richard Thaler denominaram Paternalismo Libertário (*Libertariam Paternalism*), que consiste em ações de cunho paternalista, muito sutis.

Tais medidas objetivam estimular que terceiros optem por aquela que seria a melhor escolha, relacionada a um maior bem-estar. Para isso, parte-se do pressuposto de que nem sempre os indivíduos fazem a melhor opção, ou seja, aquela escolha que fariam se tivessem acesso às informações completas sobre suas opções e se suas capacidades cognitivas não fossem limitadas.[129] O Paternalismo Libertário pode ser compreendido como uma forma fraca e não intrusiva de paternalismo, visto que as escolhas não são bloqueadas, mas apenas estimuladas de maneira muito sutil.[130]

[128] Sobre o tema vide o clássico: SUNSTEIN, Cass. *Behavioral Law and Economics.* Cambridge University Press. Cambridge. 2000.

[129] THALER, Richard e SUNSTEIN, CASS. *Libertarian Paternalism.* The American Economic Review. Vol. 93. No. 2. 2003. Pg. 175.

[130] THALER, Richard e SUNSTEIN, Cass. *Libertarian Paternalism Is Not An Oxymoron.* University of Chicago Law Review. Chicago. 2003. Pg. 1.

Uma das principais críticas[131] sofridas por essa teoria se deu por parte de economistas libertários, que julgaram, *prima facie,* como afronta às liberdades individuais e que paternalismo e liberalismo seriam termos opostos e incompatíveis.

Como quer que seja, intervenções governamentais na vida dos cidadãos ocorrem diariamente. Basta uma análise nas leis vigentes para concluir que nossas ações são orientadas em alguma forma de maneira paternalista. O Paternalismo Libertário, no entanto, seria algo desejado, talvez, nos incentivos e condutas, com o detalhe de que, nesse caso, os cidadãos sabem que estão sendo incentivados. Além do mais, talvez o aspecto mais substancial a ser salientado, é que o indivíduo, nas ações decorrentes do Paternalismo Libertário, sempre terá a possibilidade de optar por aquilo que julgue ser melhor para si, embora possua incentivos para agir de determinada forma. No Direito Tributário, por exemplo, o caráter extrafiscal[132] dos tributos é muito mais intervencionista e rígido para o comportamento dos indivíduos do que o Paternalismo Libertário. É o caso da alta tributação de bebidas ou cigarro, pois ou o indivíduo se submete a comprar o produto com alta tributação, ou não poderá adquiri-lo, visto não haver possibilidade de escolha em pagar ou não o tributo, sendo este uma imposição inserida no preço.

A propósito, John Stuart Mill, em seu livro *On Liberty*, tratou a respeito do Princípio do Dano (*Harm Principle*), também conhecido como Princípio da Liberdade (*Liberty Principle*), afirmando que a única justificativa para o Estado exercer seu poder sobre qualquer indivíduo seria para prevenir que esse indivíduo cause danos a outros. Dessa forma, influenciar o seu próprio bem-estar, intervindo em suas escolhas para a precaução de possíveis danos físicos ou psicológicos, não deveria ser objeto de regulação por parte do Estado. Não deveria haver intervenção estatal, também, no que diz respeito às preferências, visto que ninguém sabe mais de seus interes-

[131] Sobre o tema: com posicionamento favorável Conly, Sarah. *Against Autonomy: Justifying Coercitive Paternalism*. Cambridge University Press. Cambridge, UK. 2012; com posicionamento desfavorável Rebonato, Riccardo. *Taking Liberties: A Critical Examination of Libertarian Paternalism*. Palgrave and Macmillan. Nova York. 2012; Glaeser, Edward. Paternalism and Psychology. 73. University of Chicago Law Review. Vol. 133. 2006 e Wright, Joshua; Ginsburg, Douglas. *Behavioral Law and Economics: Its Origins, Fatal Flaws, and Implications for Liberty*. Nw. U.L. Rev. Vol. 1033. 2012.

[132] Sobre o controle de extrafiscalidade dos tributos vide Leão, Martha T. *Controle da Extrafiscalidade*. 1. ed. São Paulo: Quartier Latin, 2015.

ses do que o próprio indivíduo, pois cada um possui preferências distintas. Sendo assim, a soberania do indivíduo, para Mill, deveria ser absoluta.[133]

Se aplicado de forma integral, esse princípio colocaria em cheque importantes leis que visam a assegurar a preservação dos indivíduos, como, por exemplo, leis que preveem o uso obrigatório de equipamentos de segurança por trabalhadores ou leis que determinam a necessidade de apresentar receita médica para a aquisição de determinados medicamentos. Essas leis estariam obstando a soberania plena dos indivíduos.

O que o Princípio do Dano deixou de lado foi que, em dados contextos, os indivíduos estão propensos ao erro. Por isso, ações paternalistas libertárias são defendidas para diminuir a influência negativa dos vieses nas decisões.

Ou seja, existem fortes e concretos argumentos científicos a favor de algumas intervenções de caráter paternalista. Tais intervenções são inevitáveis, em contraposição ao Princípio do Dano, cuja aplicação integral acaba sendo difícil, visto que inviabiliza grande parte das políticas atuais, mesmo as mais simples e indiscutíveis, como obrigatoriedade de uso de cinto de segurança ou obrigatoriedade do uso de equipamentos de segurança pelos trabalhadores.[134]

O Princípio do Dano possui intenção nobre ao querer limitar os abusos de poder por parte do Estado, pois se sabe que o Estado, se não possuir os freios necessários, acaba por cometer excessos perante os cidadãos. Tal princípio intenta garantir que adultos não sejam tratados como crianças dependentes, tendo suas escolhas tolhidas pelo poder estatal. Entretanto, deve-se levar em consideração os propósitos e consequências de cada medida regulatória a ser imposta, pois, muitas vezes, elas apresentam o condão de corrigir desvios que o próprio ambiente de escolha induz e que podem acarretar sério dano ao bem-estar do indivíduo e alto custo para a sociedade.

Não se nega o fato de que, em grande parte das vezes, os indivíduos sabem o que é melhor para si. No entanto, existem ocasiões em que o ambiente em que eles se encontram, quando não regulado da maneira correta, acaba por enviesar as decisões, levando-os a escolhas diferentes daquelas que seriam as melhores, vale dizer, as que seriam tomadas se tais

[133] MILL, John Stuart. *On Liberty*. Cambridge University Press. Cambridge, UK. 1989. Pg. 8

[134] SUNSTEIN, Cass. *Why Nudge*. Yale University Press. Londres. 2014. Pg. 5.

indivíduos tivessem acesso às manipulações que envolvem o que estão decidindo.

Um exemplo de política paternalista libertária são as medidas adotadas visando a diminuição do consumo de tabaco, algo comprovadamente prejudicial à saúde.

Com a aplicação literal do Princípio do Dano, no referido caso, não seria possível a regulação dessas propagandas, visto que as pessoas atingidas por elas seriam, em larga medida, adultos independentes e que, por isso, supostamente saberiam o que é o melhor para si. Entretanto, as informações a respeito não seriam processadas adequadamente, prejudicando a melhor escolha, aquela do sistema reflexivo. Logo, regulações de cunho paternalista libertário são indispensáveis para que se consiga alcançar o melhor custo/benefício em termos de prevenção de danos à saúde dos indivíduos e aos cofres públicos.

Ocorre que Mill, apesar de ter a melhor das intenções, não tinha acesso às descobertas disponíveis atualmente a respeito de como as pessoas decidem e quais fatores podem influenciar negativamente na tomada de decisão. Conforme mencionado, o desconhecimento desses fatores pode fazer com que os indivíduos acreditem que estão realizando a melhor escolha, quando, na verdade, estão sofrendo manipulações de todo tipo. Isso pode fazer com que decidam de forma diversa do que o fariam se tivessem acesso às informações necessárias sobre o assunto, razão pela qual se torna fundamental a intervenção estatal para corrigir as assimetrias de informação.[135]

Além disso, os seres humanos possuem algumas tendências, como a de preferir recompensas a curto prazo, ignorando as consequências no médio e longo prazo, buscando resultados imediatos.[136] Essa tendência pode explicar diversas políticas governamentais míopes, que ocasionam satisfação da população a curto prazo, mas no longo prazo podem prejudicar a sociedade. Ressalte-se, no entanto, que se fossem realizadas pertinentes análises de custo/benefício de tais medidas, provavelmente muitas delas não seriam implementadas em razão de seus custos não compensarem os benefícios a longo prazo.

[135] Ver CONLY, Sarah. *Against Autonomy: Justifying Coercitive Paternalism*. Cambridge University Press. Cambridge, UK. 2012 e COONS, Christian e WEBER, Michael. *Paternalism: Theory and Practice*. Cambridge University Press. Cambridge, UK. 2013.

[136] LAIBSON, David. *Golden Eggs and Hyperbolic Discounting*. The Quarterly Journal of Economics. Vol. 112. 1997. Pg. 443 e 445.

O mesmo ocorre com questões relacionadas à própria saúde dos indivíduos (ex: tabagismo e obesidade[137]), nas quais o sistema automático e impulsivo do cérebro acaba se sobressaindo sobre o racional, que é o responsável por questões como o planejamento a longo prazo.[138]

Como se não obstante, os indivíduos são afetados de modo considerável pelas regras padrão (*default rules*). Um exemplo é o que ocorre na França e na Alemanha. Enquanto na primeira o percentual de doadores de órgãos é altíssimo, na segunda o mesmo percentual é baixo, o que poderia levar à conclusão de que os franceses são mais benevolentes que os alemães. No entanto, tal diferença se dá pelo simples fato de que o "padrão", ou seja, o *status quo* dos cidadãos na França é de doador, enquanto na Alemanha é o de não doador. Em outras palavras, se o indivíduo não solicitar expressamente a mudança, na França ele será doador e na Alemanha ele será não doador.[139]

Deve-se ressaltar que o livre mercado por si só já consegue proteger contra muitos desses possíveis abusos. É o caso da competição entre empresas: se uma empresa trata de forma abusiva e desonesta seus clientes, possivelmente acabará por perdê-los para seus concorrentes, sem prejuízo das sanções cabíveis[140].

Por outro lado, o próprio livre mercado pode acabar recompensando as empresas que exploram os erros humanos para vender seus produtos e punir as que estão agindo de forma leal, uma vez que as que optarem por "ludibriar" o consumidor poderão obter vantagens econômicas frente a seus concorrentes.

Não se pode descartar o fato de que, normalmente, os seres humanos acabam decidindo bem, através das heurísticas, as quais se adaptam ao ambiente de decisão suprindo a falta de informações no processo decisório.

137 Segundo recente estudo conduzido pelo McKinsey Global Institute, a obesidade custa ao Brasil 2,4% do Produto Interno Bruto (PIB), equivalendo a R$ 110 bilhões.

138 Ver BORDALO, Pedro; GENNAIOLI e SHLEIFER. *Salience Theory of Choice Under Risk*. The Quarterly Journal of Economics. Vol. 127. 2012 e BORDALO, Pedro; GENNAIOLI e SHLEIFER, Andrei. *Salience in Experimental Tests of The Endowment Effect*. 102. American Econ. Rev. 47. 2012.

139 Ver O'DONOGHUE, Ted e RABIN, Matthew. *Choice and Procrastination*. The Quarterly Journal of Economics. Vol. 16. 2001. Pg. 121; THALER, Richard e BENARTZI, Shlomo. *Save More Tomorrow: Using Behavioral Economics to Increase Employee Saving*. Journal of Political Economy. Chicago. 2004. Pg. 164; 168-69.

140 Como as previstas na lei que estrutura o Sistema Brasileiro de Defesa da Concorrência (CADE). Vide BRASIL. Lei nº 12.529, de 30 de novembro de 2011.

Contudo, conforme assinalado, as mesmas heurísticas que são essenciais na vida de todos podem levar a decisões enviesadas, o que justifica o emprego de instrumentos aptos a corrigir possíveis equívocos, tais como as políticas paternalistas libertárias.

Bem por isso, a Análise Comportamental do Direito e Economia é um dos temas de maior relevância no que diz respeito às políticas públicas atualmente. Essa teoria foi posta em prática inicialmente nos Estados Unidos e no Reino Unido, através de departamentos específicos responsáveis pela análise do impacto e efetividade, bem como uma análise de custo/benefício na implementação das políticas públicas visando a aprimorá-las e torná-las mais eficazes, da forma menos gravosa possível, mas sem deixar de alcançar os objetivos pelos quais elas foram criadas.

Tamanho foi o sucesso da aplicação da Análise Comportamental do Direito e Economia nas nações que passaram a utilizá-la como parâmetro para a implementação de políticas públicas, que outros países já dão sinais de seguir pelo mesmo caminho. Sua aplicação passa por medidas que aparentemente podem parecer simples, mas que trazem grandes resultados. São exemplos dessas medidas: a adoção de leis menos complexas, o que acaba facilitando sua observância; a utilização de ferramentas, como formas específicas de divulgação de determinadas informações, avisos, regras padrão (*default rules*); a análise de impacto no médio/longo prazo; a análise do impacto nos cofres públicos etc. Tais medidas podem ser aplicadas nas mais diversas áreas, como em políticas públicas envolvendo, por exemplo, economia de combustíveis, eficiência energética, proteção ambiental, saúde, saneamento e infraestrutura, além das políticas tributárias em geral. [141]

Algumas organizações de grande influência também vêm aplicando essas diretrizes, como a *Organisation for Economic Co-operation and Development (OECD)*, que publicou o documento *Consumer Policy Toolkit*[142], o qual tratou a respeito de recomendações baseadas em estudos do comportamento humano. A União Europeia, ao publicar diretrizes a respeito de questões de saúde pública (*European Union's Directorate General for Health*) demonstra receber forte influência da Análise Comportamental do Direito e Economia. Ademais, a *European Comission* elaborou relatório[143] utilizando-se

[141] SUNSTEIN, Cass. *Why Nudge*. Yale University Press. Londres. 2014. Pg. 12.

[142] OECD. *Consumer Policy Toolkit*. 2010.

[143] EUROPEAN COMISSION. The economics of environmental behaviour: policy implications beyond nudging. EU. 2014.

da Análise Comportamental do Direito e Economia para traçar políticas públicas a serem adotadas para a proteção do meio ambiente. Tal crescimento a respeito desse tema pode ser constatado também no artigo "*Changing Behaviours: The Rise of the Psychological State*"[144].

Conforme lembra Sunstein acerca desse último artigo, é recomendável que a leitura seja feita com cautela, visto tratar do tema de forma um pouco alarmante. Todavia, demonstra bem os esforços ao redor do mundo para desenvolver políticas de baixo custo e grande eficiência, por meio do conhecimento sobre como os seres humanos se comportam.[145]

Outro aspecto conflitante com o Princípio do Dano é a denominada Arquitetura de Escolhas (*Choice Architecture*), que consiste nos fatores externos que irão influenciar nas tomadas de decisão. Esses fatores, muitas vezes, podem ser modificados de modo a incentivar os indivíduos a decidirem de uma determinada maneira.

A todo momento se está imerso em um ambiente que contém diversas variantes que poderão condenar as escolhas. O modo como determinados itens estão organizados em um cardápio já induz a esta ou aquela escolha sobre qual deles consumir. Inúmeros experimentos comprovaram tal assertiva, de forma que a própria indústria utiliza dessas informações para maximizar seus lucros. Mesmo pequenos incentivos, como cobrar 5 centavos por sacola plástica em supermercados, podem ter grande efeito no comportamento das pessoas, reduzindo de maneira drástica o uso.[146]

Portanto, não há como fugir dessa realidade, uma vez que, a todo momento, as pessoas estão sendo influenciadas por diversos fatores sem que tenham a mínima noção disso.

Assim, organizar esses fatores de modo a maximizar a eficiência das políticas públicas se torna imprescindível para evitar abusos e possíveis falhas de mercado que venham a ocasionar seleções adversas e escolhas lesivas.

Naturalmente, costumam surgir inafastáveis questionamentos, tais como: Estaria o Estado autorizado a atuar como arquiteto de escolhas

144 JONES, Rhys. et. Al. *Changing Behaviours: The Rise of the Psychological State.* Edward Elgar Pub. Cheltenham. UK. 2013.

145 SUNSTEIN, Cass. *Why Nudge.* Yale University Press. Londres. 2014. Pg. 13.

146 Ver KAGAN, Robert e SKOLNICK, Jerome. *Banning Smoking Compliance Without Enforcement, In* RABIN, Robert e SUGARMAN, Stephen. *Smoking Policy: Law, Politics, and Culture.* Oxford University Press. Oxford.1993. Pg. 69.

a serem tomadas pelos cidadãos? Quem regularia as escolhas que o próprio Estado faria na elaboração de políticas paternalistas, a fim de que o mesmo não seja vítima dos próprios vieses que estaria tentando prevenir?

Segundo Sunstein, estudiosos elaboraram uma série de situações que configurariam como falhas de mercado e, por isso, justificariam uma intervenção governamental. Dentre elas está o monopólio, a falta de informações para os consumidores e as externalidades.[147]

No entanto, seria possível utilizar as falhas comportamentais para justificar ações de cunho paternalista? É legítima a utilização da arquitetura de escolhas para corrigi-las?

A resposta é que a arquitetura de escolhas é inevitável e que as falhas comportamentais justificariam, sim, certas formas de paternalismo,[148] pois é essencial a adoção de medidas para corrigi-las, sob pena de destruir a própria liberdade do mercado. Quer dizer, podemos considerar as ações paternalistas libertárias como um complemento à teoria de Mill, que não poderia prever tais necessidades na época de sua elaboração, visto que o conhecimento a respeito da maioria das falhas de mercado e cognitivas ainda não existia.[149]

Claro que o Estado, que é o responsável pelas políticas de cunho paternalista libertário, é composto de seres humanos, que estão à mercê de seus próprios desvios cognitivos e, muitas vezes, de interesses subalternos. Todavia, uma vez que não há como fugir do fato de que são necessárias intervenções de cunho paternalista nos casos citados, o que pode ser feito para evitar tais desvios de finalidade é a adoção de grande transparência na motivação das medidas. Com isso, ficaria extremamente claro para os cidadãos a justificativa na aplicação das políticas públicas as quais estão submetidos.

É inegável que, muitas vezes, a melhor conduta a ser mantida pelo Estado, com relação às falhas comportamentais, será a abstenção, pois nem sempre o custo/benefício de uma medida será favorável, não se justificando, nesses casos, a adoção de políticas paternalistas. Para ilustrar isso, imagina-se que o Estado resolve implementar uma política pública com o objetivo de aumentar a arrecadação tributária por meio de infor-

147 SUNSTEIN, Cass. *Why Nudge.* Yale University Press. Londres. 2014. Pg. 15.

148 Ver SUNSTEIN, Cass. *After the Rights Revolution: Reconceiving the Regulatory State.* Harvard University Press. Cambridge, EUA. 1990.

149 SUNSTEIN, Cass. *Why Nudge.* Yale University Press. Londres. 2014. Pg. 17.

mativos e notificações visando conscientizar os contribuintes a respeito da importância de se pagar tributos, ou efetuar uma mudança no sistema de pagamento de tributos de forma a facilitar o cumprimento das obrigações tributárias. Para tanto, faz uma análise das estimativas de custos para implementação, na qual se verifica que os custos impostos aos cofres públicos serão maiores ou muito próximos dos valores que seriam arrecadados. Nesse caso, não valeria a pena implementar essas políticas, pois o custo/benefício não compensaria, justificando o Estado manter-se inerte.

Esses economistas comportamentais, normalmente, focam a aplicação de suas políticas, na grande maioria das vezes, nos meios e não nos fins, tendo entre seus objetivos o de criar ambientes que facilitem os indivíduos a alcançarem seus próprios fins. Sendo assim, os governantes devem respeitar o fim escolhido pelos cidadãos, porém, verificando que estes terão dificuldades para alcançá-los, devem propiciar meios que os auxiliem. Nesse cenário, as políticas paternalistas libertárias funcionam tal qual um aparelho de GPS, que fornece as informações sobre como chegar a um determinado local, mas as pessoas não são obrigadas a segui-lo, podendo optar por encontrar o caminho por conta própria (correndo o risco de não alcançarem os seus objetivos).[150]

As políticas paternalistas libertárias, no geral dos casos, preocupam-se com os meios, procurando orientar os cidadãos sobre qual seria a melhor "rota" para alcançarem os seus próprios fins. Por exemplo, quando um consumidor realiza um *trade-off* entre duas escolhas através de uma análise de custo/benefício de curto e longo prazo, mas não tem condições de efetuar uma análise mais concreta entre os reais custos e benefícios de suas escolhas, por não estarem as informações necessárias claras o suficiente, o Estado, então, adotará medidas a fim de orientá-lo a levar em conta os fatos relevantes na hora de decidir.[151]

2.2. Paternalismo forte e paternalismo fraco

Dentre as possíveis classificações para as políticas paternalistas, podemos destacar uma nomenclatura bipartida, que consistiria em ações paternalistas fortes (*hard*) ou fracas (*soft*).[152] A primeira diz respeito a ações mais extremas e coercitivas, como, por exemplo, uma condenação a alguém à

150 SUNSTEIN, Cass. *Why Nudge*. Yale University Press. Londres. 2014. Pg. 62.

151 SUNSTEIN, Cass. *Why Nudge*. Yale University Press. Londres. 2014. Pg. 62.

152 Aqui se opta por traduzir da forma não literal, mas sim da maneira a facilitar a compreensão.

prisão; enquanto a segunda poderia ser considerada inclusive de cunho libertário, sendo totalmente compatível com o Princípio do Dano, como, por exemplo, avisos, regras padrão, formas de disposição de informações etc. As políticas paternalistas libertárias estariam enquadradas, em regra, como ações paternalistas fracas, pois sempre deixam a cargo das pessoas que a elas são submetidas a escolha final sobre qual modo agir.[153]

Assim, pode-se afirmar que as medidas paternalistas fortes seriam aquelas que impõem um alto custo aos cidadãos, como, por exemplo, estabelecer que a desobediência de uma determinação resultará em prisão. Nas medidas paternalistas fracas, por outro lado, o custo imposto seria baixo, como, por exemplo, uma pequena multa em caso de descumprimento.

Desse modo, chega-se às seguintes conclusões:[154]

- As falhas comportamentais devem ser levadas em conta juntamente com as falhas de mercado tradicionais e, da mesma maneira, servem como justificativa para a aplicação de políticas públicas de cunho paternalista libertário;
- Juntamente a isso, deve-se progredir com relação às políticas públicas, de forma a dar início a análises consequencialistas profundas a respeito das implicações de sua implementação, observando critérios que possibilitem um aumento gradual de sustentabilidade econômica, fiscal, social e ambiental; utilizando as ferramentas já existentes na Análise Econômica do Direito, combinadas com os novos estudos e descobertas a respeito do comportamento humano, isto é, sobre como as pessoas reagem a determinadas circunstâncias e quais fatores podem influenciar nas suas tomadas de decisão; sem deixar de considerar o fato de que os responsáveis pelas políticas públicas também estão sujeitos a tais falhas.
- A realização da arquitetura de escolhas é inevitável, visto que, querendo ou não, os indivíduos estão sempre sendo influenciados pelos mais diversos fatores, que poderão interferir diretamente em suas escolhas. Dessa forma, agir de maneira a mitigar possíveis influências prejudiciais à melhor escolha é um dever do Estado;
- Deve-se ressaltar, ainda, que, em algumas circunstâncias, conforme comprovado por diversas pesquisas científicas, os indivíduos agem

[153] SUNSTEIN, Cass. *Why Nudge*. Yale University Press. Londres. 2014. Pg. 20.
[154] SUNSTEIN, Cass. *Why Nudge*. Yale University Press. Londres. 2014. Pg. 20.

> com base em uma "pseudo-autonomia". *Prima facie,* pode parecer que possuem o total controle sobre o que estão decidindo, mas podem estar, na verdade, mesmo sem perceber, sob influências dos mais variados fatores, sejam eles ambientais ou biológicos.

De fato, muitas vezes, o sistema irracional e instintivo acaba se sobrepondo ao sistema racional. Há situações em que quase não há tempo suficiente para raciocinar sobre qual forma de agir, deixando sobressair o seu instinto ou o "sistema automático" do cérebro, que é a parte mais antiga e primitiva deste. Além do mais, o autocontrole e a maneira racional e ponderada de agir podem exigir certo treinamento ou condicionamento, o que nem sempre ocorre. Em razão disso, o processo de tomada de decisão pode ser fortemente prejudicado.

Outrossim, o argumento que inflaciona a autonomia dos indivíduos desautorizaria as políticas paternalistas, desconsiderando que, não raro, está-se diante de uma "pseudo-autonomia".

Assim, as políticas paternalistas libertárias constituem-se em políticas paternalistas fracas, deixando para o próprio indivíduo a escolha dos fins, fornecendo apenas os meios que possam facilitar as escolhas.

Dentre as principais falhas comportamentais, podem ser destacados quatro conjuntos diferentes:

I – Vieses da inconsistência temporal e do planejamento míope

Para a teoria clássica, as pessoas, quando decidem, levariam em conta tanto as consequências de curto como de longo prazo, considerando incertezas relevantes e até mesmo o potencial de imprevisibilidade futura e as possibilidades de mudanças ao longo do tempo. Para essa teoria, as pessoas agem de forma racional, sopesando e avaliando friamente todos os argumentos prós e contras às possíveis escolhas.

No entanto, tem ficado cada vez mais claro que, ao contrário do que essa teoria clássica defende, as pessoas nem sempre são tão racionais assim. Elas se deixam, mesmo que inconscientemente, levar por tendências, tais como a preferência por opções que tragam resultados imediatos[155], mesmo que os objetivos de longo prazo possam ser mais consistentes e rentáveis. Isso

155 Ver BENHABIB, Alberto Bisin e SCHOTTER, Andrew. *Present Bias, Quasi-Hyperbolic Discounting, and Fixed Costs.* Games and Economics Behavior. Vol. 205. 2010. Pg. 69.

pode ser compreendido pela circunstância de que o sistema automático do cérebro, em grande parte das vezes, acaba se sobrepondo ao sistema racional. O sistema automático, míope e instintivo, acaba dando preferência a resultados de curto prazo, sendo esse fator conducente ao chamado viés do planejamento míope[156]. Ele pode ser percebido, constantemente, não só nas ações cotidianas como também nas ações governamentais, que optam, sempre que possível, por políticas que tragam resultados de curto prazo, deixando de lado considerações a respeito dos efeitos nocivos, diretos e indiretos, que possam vir a ocasionar no futuro. O entendimento de tal fenômeno também pode ser facilitado pela análise de outra questão presente diariamente nas ações humanas, que é a tendência à procrastinação, empurrando a resolução de questões que deveriam ser solucionadas no presente para o futuro.[157]

As pessoas normalmente optam pela inércia, razão pela qual pode ser compreendido o fato do porquê de elas serem tão facilmente influenciadas por regras padrão[158] (como no caso já citado dos doadores de órgãos na França e na Alemanha). Talvez, a explicação biológica esteja no fato de que ao manter-se inerte, ocorre uma economia de energia. Logo, se o indivíduo necessitar realizar algum esforço maior para mudar determinado *status quo*, muitas vezes, irá preferir, inconscientemente, a manutenção deste, ainda que tal mudança pudesse significar uma melhora no seu bem-estar. É o que ocorre quando se contratou algum serviço que possui uma cláusula de renovação automática e não há mais interesse na sua continuidade, mas o indivíduo se mantém inerte, ao invés de cancelá-lo, pois, para isso, seria necessário realizar algum esforço, o que é contrário à tendência natural.[159] Nesse caso, o viés da inércia, ou também chamado do *status quo*, acaba prejudicando a maximização do bem-estar,

[156] KARLAN, Dean. *Getting to the Top of Mind: How Reminders Increase Saving.* Yale Econ. Dept. Working Paper nº 82. 2010. Pg. 14.

[157] Ver O'DONOGHUE, Ted e RABIN, Matthew. *Choice and Procrastination.* The Quarterly Journal of Economics. Vol. 16. 2001. Pgs. 121-22; THALER, Richard e BENARTZI, Shlomo. *Save More Tomorrow: Using Behavioral Economics to Increase Employee Saving.* Journal of Political Economy. Oxford. 2004. Pg. 164.

[158] Sobre as regras padrões vide FRANKEL, Tamar. *What Default Rules Teach Us About Corporations; What Understanding Corporations Teaches Us About Default Rules.* Boston University School of Law Working Paper nº 06-33. 2005.

[159] Ver LAIBSON, David. *Golden Eggs and Hyperbolic Discounting.* The Quarterly Journal of Economics. Vol. 112. 1997.

pois estará interferindo negativamente na escolha da opção que traria o maior bem-estar ao indivíduo.[160] Em outras palavras, não é difícil perceber que, no que diz respeito ao autocontrole, os seres humanos possuem sérios problemas, deixando seu sistema instintivo se sobrepor ao racional, realizando escolhas que não fariam se realmente passassem a meditar sobre elas.[161]

Outra questão a ser levantada é o chamado viés da inconsistência temporal[162], que pode ser compreendido pelo fato de que no Tempo 1 determinado indivíduo terá uma preferência diferente sobre o mesmo assunto do que no Tempo 2[163]. Por exemplo, imagina-se que, atualmente, um determinado indivíduo fique feliz com medidas adotadas pelo governo para desonerar, por meio de incentivos fiscais, o consumo de uma fonte energética altamente poluente, como no caso dos combustíveis fósseis. Logo, nesse momento, para ele, em virtude da tendência de indiferença com relação às consequências futuras, irá preferir que ocorra tal incentivo, pois terá um benefício imediato. No entanto, em segundo momento, no futuro, provavelmente esse mesmo indivíduo, quando estiver cercado por um ambiente extremamente poluído, como já ocorre em diversas grandes cidades, em meio a uma completa imobilidade urbana, com a qualidade de vida inferior a que tinha no passado, sua preferência com relação a esse mesmo incentivo tributário provavelmente será completamente diferente do que era no primeiro momento. Em experiência realizada[164], constatou-se que uma das causas desse viés pode ser o fato de que as pessoas, quando decidem, geralmente não levam em consideração que, no futuro, sua preferência possa ser outra. Talvez isso se deva a uma adaptação sofrida ao longo da evolução humana em razão de que, no passado, as condições de vida eram muito mais difíceis que as atuais para a maioria das pessoas. Assim, por

160 Ver JOHNSON, Eric e GOLDSTEIN, Daniel. *Decisions by Default. In* SAFIR, E.*The Behavioral Foundations of Public Policy.* Princeton University Press. Princeton. 2012. Pg. 417. e SUNSTEIN, Cass. *Impersonal Default Rules vs. Activate Choices vs. Personalized Default Rules: A Triptych.* SSRN Elec. Library. Working Paper nº 2. 2012.

161 THALER, Richard e SHEFRIN, H.M. *An Economic Theory of Self-Control.* Journal of Political Economy. Vol. 89. 1981.

162 SHUI, Haiyan e AUSUBEL, Lawrence. *Time Inconsistency in the Credit Card Market.* SSRN Elc. Library. Working Paper nº 586. 2004.

163 SUNSTEIN, Cass. *Why Nudge.* Yale University Press. Londres. 2014. Pg 36.

164 MITCHELL, P. et al. *Medial prefrontal cortex predicts intertemporal choices.* J. Cognitive Neuroscience. Vol. 23. 2011.

uma questão de sobrevivência, tendia-se a escolhas que trouxessem um benefício imediato, o que acabou sendo herdado pelas gerações posteriores.

II – As pessoas ignoram informações ao seu redor

Não é possível assimilar todas as informações a que se é exposto, pelo simples fato de que o cérebro, por si só, foca em informações que julga serem as mais relevantes e, consequentemente, que o ajudariam a tomar melhores decisões. Todavia, muitas vezes tal seleção acaba não considerando informações essenciais para uma decisão satisfatória.[165]

Essa característica foi comprovada por um experimento,[166] no qual um vídeo mostrava pessoas vestidas de branco que trocavam passes com uma bola de basquete, transitando entre pessoas vestidas de preto. Em seguida, foi solicitado que as pessoas que assistiram o vídeo contassem quantos passes foram trocados entre os que estavam vestindo branco. Durante o vídeo, uma outra pessoa, vestida de gorila, atravessou entre as demais. O que se constatou foi que as pessoas que estavam assistindo o vídeo pela primeira vez, concentradas em contar quantos passes estavam sendo trocados, não perceberam a aparição do indivíduo vestido de gorila na tela. Somente se deram conta dessa aparição quando assistiram pela segunda vez. Com isso, verificou-se que as pessoas, quando concentradas em foco específico, acabam deixando de lado outros fatores que estejam ocorrendo.[167]

Com efeito, a maneira como ocorre a percepção das pessoas pode ser facilmente direcionada (e já é) tanto pelos setores públicos como pelos privados. Assim, torna-se imprescindível corrigir possíveis abusos que possam ser cometidos pelo mercado com relação aos vulneráveis consumidores.

É importante ressaltar, no entanto, que essa tendência pode ser utilizada de forma a trazer um bem-estar para toda a sociedade, considerando--a quando determinada lei ou política pública for elaborada. Ela levaria os cidadãos à percepção dos fatores relevantes de acordo com os objetivos a serem alcançados, aumentando, assim, a efetividade de tais medidas.

[165] Ver Kahneman, Daniel. *Attention and Effort.* Prentice Hall. Princeton. 1973.

[166] Sunstein, Cass. *Why Nudge.* Yale University Press. Londres. 2014. Pg. 39.

[167] Ver Chabris, Christopher e Simons, Daniel. *The Invisible Gorilla: And Other Ways Our Intuitions Deceive Us.* Crown Publishing. Nova York. 2010.

III – Otimismo Excessivo e Viés da Confirmação

Em uma terceira categoria, pode-se enquadrar o otimismo excessivo, que é a tendência de os indivíduos superestimarem as chances de sucesso quando tomam decisões. Para comprovar esse fato, foi realizado um experimento[168], o qual constatou que cerca de 80% da população tende a um otimismo excessivo e boa parte dos 20% que não são excessivamente otimistas são aqueles que possuem alguma depressão atestada.[169]

O otimismo pode ser benéfico, visto que serve como um grande fator motivacional e estímulo a condutas empreendedoras, fazendo com que os indivíduos não desistam tão facilmente dos seus objetivos. No entanto, ele pode ser prejudicial por ser um dos principais responsáveis por condutas imprudentes, levando os indivíduos a agir de forma indiferente com relação aos seus riscos. Essas condutas vão desde não planejar o futuro, preocupando-se somente com o curto prazo, até a realização de investimentos de altíssimo risco por conta da limitação causada pelo excesso de otimismo.

As pessoas tendem a imaginar que serão bem sucedidas no futuro, mesmo nos casos em que a probabilidade de sucesso é baixa. Quando solicitadas a se comparar aos outros, tendem a achar que possuem mais chances de se destacar do que os demais, assim como acreditam sofrer menos acidentes e problemas de saúde. A maior parte dos fumantes, mesmo cientes dos riscos que o cigarro acarreta para a saúde, acreditam que sua saúde corre menos riscos do que os não fumantes.[170]

Outro viés fortemente relacionado ao otimismo excessivo é o da confirmação. Esse viés consiste na tendência de as pessoas ignorarem as informações negativas e procurarem aquelas que confirmam as suas concepções prévias, como no caso de uma pessoa que acredita que as mudanças climáticas são causadas somente por causas naturais e não pela ação humana. Essa pessoa tenderá a ignorar as pesquisas que apontam o contrário, mesmo que sejam a grande maioria, e se apegará naquelas poucas que vão no mesmo sentido de sua crença. Em outras palavras, as pessoas tendem a valorar mais as informações que lhe são convenientes.[171]

[168] Ver SHAROT, Tali. *The Optimism Bias: A Tour of The Irracionally Positive Brain.* Vintage. Nova York. 2011.

[169] SHAROT, Tali et. al. *Selectively Altering Belief Formation in the Human Brain.* Proc. Nat's Acad. Schi. 109. 2012.

[170] Ver SLOVIC, Paul. *Do Adolescent Smokers Know the Risks?* 47. Duke L. J. 1998.

[171] SUNSTEIN, Cass. *Why Nudge.* Yale University Press. Londres. 2014. Pg. 46.

Para comprovar essa tendência foi realizado um experimento[172] que consistia em três etapas. Na primeira, foi solicitado que as pessoas estimassem a probabilidade de sofrer, durante sua vida, cada um de 80 eventos desagradáveis, como doenças, catástrofes etc. Na segunda etapa, foram fornecidas informações contendo as reais probabilidades de tais eventos ocorrerem. Na terceira etapa, foi solicitado aos participantes a probabilidade de ocorrerem aqueles eventos, agora que tinham tido acesso a essas informações.

O que se constatou foi que as pessoas são significativamente mais propensas a "atualizar" seus pontos de vista quando se deparavam com boas notícias do que quando se deparavam com as más. Em outras palavras, elas se mostraram muito mais propensas a mudar suas estimativas positivamente quando recebiam a informação de que as probabilidades eram mais favoráveis do que imaginavam, do que mudar negativamente suas expectativas quando recebiam informações que mostravam que as estatísticas eram menos otimistas do que haviam previsto.[173]

Desse modo, é necessário buscar maneiras de diminuir o impacto prejudicial que os vieses podem ocasionar nas decisões de todos.[174] Uma das soluções apontadas é a de que quanto mais informações os indivíduos possuírem na hora em que estão decidindo, mais realistas eles serão e, consequentemente, serão menos prejudicados por eventual otimismo excessivo.

IV – Problemas com probabilidade

Em um outro conjunto destacado por Sunstein como pertencente às falhas comportamentais se encontra a dificuldade das pessoas em lidar com questões de probabilidade.

Quando Kahneman e Tversky elaboraram seus estudos a respeito das decisões cognitivas, constataram que o Sistema Automático de funcionamento possui uma séria dificuldade em lidar com probabilidades. Grande parte dessa dificuldade, talvez, exista em decorrência da heurística da disponibilidade[175], de modo que quando determinado acontecimento está

[172] SHAROT, Tali. *The Optimism Bias: A Tour of The Irracionally Positive Brain.* Vintage. Nova York. 2011.

[173] SUNSTEIN, Cass. *Why Nudge.* Yale University Press. Londres. 2014. Pg. 47.

[174] Ver JOLLS, Christine. *Behavioral Economics Analysis of Redistributive Legal Rules.* Vand. L. Rev. 51. 1998. Pg. 1653.

[175] DUBÉ-RIOUX, Laurette e RUSSO, J. Edward. *An Availability Bias in Professional Judgment.* J. Behav. Decision Making. 1988. Pg. 223.

mais disponível, tal qual um fato recentemente ocorrido, a tendência é que os indivíduos superestimem a probabilidade de que ele ocorra novamente.[176] Da mesma forma, determinados fatos são subestimados quando não estão evidentes, como os danos à saúde causados pelo alto nível de poluição atmosférica.

Se um acontecimento passa a ser frequentemente exposto na mídia, as pessoas tenderão a acreditar que a probabilidade de ele ocorrer novamente é maior do que realmente é, ignorando até mesmo as estatísticas consolidadas a respeito do assunto.[177] Alguns experimentos constataram que os indivíduos não julgam valorando de forma adequada os resultados, negligenciando, constantemente, questões centrais de probabilidade.[178] O fato de as pessoas subestimarem ou superestimarem certas possibilidades de ocorrência de algo é amplamente explorado pelo mercado.[179] Pode-se citar alguns exemplos da utilização dessa falha comportamental para fins específicos: as corretoras de seguros esperam que os cidadãos superestimem a probabilidade de sofrerem algum acidente para aumentarem suas vendas; terroristas esperam que, realizando atentados, as pessoas superestimem a probabilidade de ocorrência deles.[180]

2.3. Críticas à análise comportamental do direito e economia

A Análise Comportamental do Direito e Economia foi objeto de críticas por vários autores. Grande parte das críticas possui argumentos interessantes, porém importante também uma análise acerca tanto das críticas como dos contra-argumentos a elas.

I – As medidas provenientes da Análise Comportamental do Direito e Economia seriam uma violação à dignidade e à autonomia dos cidadãos[181]

Essa crítica é uma das mais difundidas contra a Análise Comportamental do Direito e Economia. No entanto, para os defensores das políticas de

176 TVERSKY, Amos e KAHNEMAN, Daniel. *Availability: A Heuristic for Judging Frequency and Probability.* Cognitive Psychol. 1973. Pg. 207.

177 SUNSTEIN, Cass. *Why Nudge.* Yale University Press. Londres. 2014. Pg. 49.

178 LOEWENSTEIN, George et. al. *Risk as Feelings.* Psychol. Bull. Vol. 127. 2001. Pg. 267.

179 Ver SUNSTEIN, Cass. *Probability Neglect: Emotions, Worst Case, and Law.* Yale L.J. Vol. 61. 2002.

180 SUNSTEIN, Cass. *Why Nudge.* Yale University Press. Londres. 2014. Pg. 50.

181 WHITE, Mark. *Behavioral Law and Economics: The Assault on Consent, Will, and Dignity.* Stanford University Press. San José. 2008.

cunho Paternalista Libertário, de maneira alguma, tais políticas violariam a autonomia dos cidadãos e, muito menos, a sua dignidade. Elas seriam somente sutis estímulos visando a contribuir para uma melhor tomada de decisão, evitando que os cidadãos caiam em armadilhas decorrentes de sua racionalidade limitada. Seriam como um aparelho de GPS, mostrando qual o melhor caminho, mas garantindo que se possa exercer a liberdade e a autonomia de modo irrestrito.

Não é demais sublinhar que os seres humanos tendem a cometer equívocos em suas decisões cognitivas ocasionados, principalmente, em razão de sua racionalidade limitada. Isso poderia ser evitado, ou pelo menos mitigado, com o uso de *nudges* que auxiliassem na tomada da melhor decisão. Tais *nudges* não têm nenhum cunho vinculatório, sendo apenas um tipo não intrusivo de paternalismo em que as escolhas não são bloqueadas ou impedidas.

Como visto, *nudges* afetariam muito menos a liberdade de escolha dos indivíduos do que a tentativa de incentivar ou desincentivar determinadas condutas ou a aquisição de determinados produtos por meio do caráter de extrafiscalidade dos tributos.[182] Esses casos não oferecem a possibilidade de escolha aos cidadãos, que não terão a oportunidade de pagar ou não o tributo inserido no preço do produto: ou se submetem a arcar com os custos tributários incidentes em determinada mercadoria, ou não poderão comprá-la. Ressalta-se que não se está negando que os tributos com caráter de extrafiscalidade possuem grande utilidade em um sistema tributário desenvolvido e sustentável. O exemplo é apenas a título de comparação.

Além do mais, acreditar que a Análise Comportamental do Direito e Economia feriria a dignidade dos cidadãos, pois afetaria sua autonomia, é pensamento demasiadamente ingênuo. Existem diversas outras medidas adotadas pelos Estados, há séculos, que interferem muito mais na autonomia, mas que são amplamente aceitas, pois sem elas não é possível governar.

Há quem afirme que a autonomia manifesta-se em seguir a lei moral, isto é, que cada agente legisla para si e, portanto, deve ter permissão para escolher seus próprios fins e interesses. A autonomia consistiria, assim, na capacidade de livre escolha.[183] No entanto, afirmar que a autonomia do

[182] Sabe-se que todos os tributos possuem caráter extrafiscal em maior ou menor grau, no entanto, aqui nos referimos àqueles que possuem um alto grau de extrafiscalidade e foram especificamente instituídos visando esse fim.

[183] WHITE, Mark. *Behavioral Law and Economics: The Assault on Consent, Will, and Dignity*. Stanford University Press. San José. 2008. Pg. 3.

indivíduo não pode ser atingida, sob pena de violar a dignidade dos seres humanos, pode até ser externado no campo das ideias como quimera, mas não corresponde às exigências da vida prática. De acordo com essa ideia, qualquer lei que proibisse uma determinada conduta não poderia existir, pois estaria violando a autonomia e a dignidade dos cidadãos. Se assim fosse, o mundo seria uma terra sem lei em que cada um agiria como bem entendesse, pouco importando quais as consequências de suas ações para a sociedade. Ora, tal pensamento é incabível, quando levado às últimas consequências.

II – Os governantes não poderiam utilizar medidas paternalistas libertárias, pois não possuem o direito de decidir o que é melhor para os cidadãos

Outra crítica feita à Análise Comportamental do Direito e Economia seria a de que as medidas de cunho paternalista libertário pressupõem que uma pessoa saiba o que é melhor para a outra, mais do que ela própria saberia, e que isso não seria ético.[184] Tal crítica não procederia, para os defensores do Paternalismo Libertário, pois, em uma democracia, quando os legisladores são eleitos pelo povo, presume-se que os mesmos representam a vontade de quem os elegeu[185], compartilhando de ideias semelhantes, do contrário não teriam sido escolhidos para ocuparem seus postos. Logo, quando elaboram leis, as fazem, teoricamente, de acordo com o pensamento dos seus eleitores. Além do mais, caso tal alegação fosse verdadeira, novamente levaria ao problema da impossibilidade de legislação, pois qualquer lei aprovada poderia ser considerada não condizente com a vontade dos cidadãos.

O mesmo serve para a preocupação de Posner[186], no sentido de que a regulação com base na Economia Comportamental seria um totalitarismo, quando afirma que elas seriam feitas de acordo com o que os governantes acreditam ser o melhor para a população, e que isso soaria totalitário. Essa afirmativa, para os defensores de tais políticas, não é procedente pelo

[184] Brock, Dan. *Paternalism and Autonomy.* Ethics Vol. 98. 1988. Pg. 559.

[185] Pelo menos é o que devereria acontecer, mas sabemos que na prática, conforme já exposto, as vezes há mais fatores em jogo, tais como seus próprios intereses e o lobby de grandes empresas.

[186] Posner, Richard. *Rational Choice, Behavioral Economics, and the Law.* Stanford Law Review. San José. 1997. Pg. 1575.

mesmo motivo anteriormente exposto de que os legisladores já legislam de acordo com o que julgam ser o melhor para a população e que foram eleitos justamente por representarem a vontade dos cidadãos. Porém legislar sob a ótica da Análise Comportamental do Direito e Economia possui muito mais prós do que contras, pois permite dar maior eficácia às leis, aumentando sua observância e trazendo menores impactos negativos aos cofres públicos.

Após a compreensão mais aprofundada a respeito dos fundamentos contrários e favoráveis a respeito da Análise Comportamental do Direito e Economia, bem como suas características e aspectos relevantes, abordar-se-ão os principais vieses e heurísticas averiguados por essa teoria.

2.4. Principais vieses presentes no comportamento dos indivíduos

2.4.1. Ancoragem

O viés da ancoragem demonstra a tendência de os seres humanos estabelecerem um parâmetro inicial para basear suas estimativas. Diversos experimentos foram realizados visando demonstrar esse fato. Em um deles, foi solicitado a integrantes de dois grupos que estimassem diversos aspectos, como o número de países africanos integrantes das Nações Unidas. Para cada estimativa a ser feita, era sorteado um número entre 0 e 100 em uma espécie de "roda da fortuna". Os participantes, primeiramente, deviam dizer se o número o qual acreditavam ser o correspondente à resposta da pergunta era menor ou maior que o número sorteado, para, então, estimarem a resposta correta, movendo para cima ou para baixo o cursor. Com isso, foi possível perceber que o número sorteado influenciava diretamente na resposta. Por exemplo, a média estimada de países africanos integrantes das Nações Unidas foi de 25 e 45 para os grupos nos quais foram sorteados os números 10 e 65, respectivamente.[187]

Outro experimento realizado[188] consistiu em expor a dois grupos duas equações idênticas, porém apresentadas de formas distintas, uma ancorando em um número inicial maior e a outra em um menor. Após isso, foi solicitado que eles estimassem, em cinco segundos, o resultado. Para o grupo A a equação foi apresentada da seguinte forma:

[187] Kahneman, Daniel e Tversky, Amos. *Judgment Under Uncertainty: Heuristics and Biases.* Science. Vol. 185. 1974.

[188] Kahneman, Daniel e Tversky, Amos. *Judgment Under Uncertainty: Heuristics and Biases.* Science. Vol. 185. 1974.

8 x 7 x 6 x 5 x 4 x 3 x 2 x 1

Já para o grupo B a equação foi apresentada da seguinte forma:

1 x 2 x 3 x 4 x 5 x 6 x 7 x 8

Como já era esperado, apesar do resultado correto das duas ser o mesmo, que é 40.320, os grupos tiveram estimativas extremamente diversas, simplesmente em razão da forma como o problema os foi apresentado.

Enquanto para os membros do grupo A, a estimativa média do resultado foi de 2.250, a média do grupo B foi de 512. Essa enorme diferença demonstra que a forma como determinada informação é apresentada pode mudar completamente as escolhas dos indivíduos.

Com base no fato de que as pessoas respondem de forma diversa dependendo da maneira com que são induzidas a ancorar seu comportamento, algumas empresas utilizam esse viés para seus benefícios. Um exemplo bastante comum é o das campanhas visando angariar fundos para crianças carentes, nas quais já se preestabelece determinados valores como opções padrão[189]. Assim, as pessoas, por diversos fatores, como comodidade, escolhem uma das opções já estabelecidas. Exemplo: em vez de estipularem valores como R$ 1,00; R$ 2,00; R$ 5,00 e R$ 10,00, aumentam os valores das opções para R$ 10,00; R$ 25,00; R$ 50,00; R$ 100,00, possibilitando a quem tenha interesse em doar outros valores efetuar procedimentos mais demorados e complexos, com o objetivo de desincentivar tal conduta, aumentando a arrecadação.

2.4.2. Aversão à perda

Uma das tendências mais interessantes observadas no comportamento humano durante a tomada de decisão é o fato de que as pessoas tendem a valorar consideravelmente mais a perda de algo do que o ganho dessa mesma coisa[190], mais precisamente o dobro[191]. Ou seja, quando ganha X, o

[189] THALER, Richard e SUNSTEIN, Cass. *Nudge: Improving Decisions About Health, Wealth, and Happiness.* Yale University Press. New Haven. 2008. Pg. 24.

[190] THALER, Richard. *Toward a Positive Theory of Consumer Choice.* Journal of Economic Behavior and Organization. Vol. 1. 1980. Pg. 39-60.

[191] SUNSTEIN, Cass; JOLLS, Christine e THALER, Richard. *Behavioral Aproach to Law and Economics.* Program in Law and Economics Working Paper. N. 55. 1998.

aumento de bem-estar é Y; já quando perde este mesmo X, a diminuição do bem-estar é 2Y, o que demonstra que as pessoas não atribuem a mesma valoração a perdas e ganhos equivalentes.

Para comprovar tal afirmação, Kahneman e Tversky[192] realizaram alguns experimentos. Em um deles, canecas (de valor aproximado de 5 dólares) foram colocadas em cima de um terço das classes de uma sala de aula após os alunos terem escolhido seus assentos. Logo em seguida, os alunos receberam um questionário. Os que estavam nas classes que continham as canecas foram chamados de "vendedores" e receberam o seguinte aviso: "Agora você possui o objeto na sua mesa, você tem a opção de vendê-lo caso um determinado preço, que será determinado em seguida, seja do seu interesse. Para cada um dos preços a seguir, responda se: (a) Você deseja vender o seu objeto e receber a quantia estipulada; (b) Você deseja permanecer com o objeto e levá-lo para casa." Os estudantes, então, indicaram as suas decisões de vender ou permanecer com o objeto referente a valores que foram de US$ 0,50 (cinquenta centavos de dólar) a US$ 9,50 (nove dólares e cinquenta centavos), cada opção sendo US$ 0,50 (cinquenta centavos) mais cara que a outra. Para alguns dos estudantes que não haviam recebido as canecas, os quais foram chamados de "optantes", foi distribuído um questionário semelhante, perguntando se eles preferiam receber a caneca ou uma determinada quantia de dinheiro, que também variou de US$ 0,50 (cinquenta centavos de dólar) a US$ 9,50 (nove dólares e cinquenta centavos), cada opção sendo US$ 0,50 (cinquenta centavos) mais cara que a outra. Ressalta-se que, para o grupo que tinha a possibilidade de vender as canecas, esse fato consistia em uma perda, enquanto que para o grupo que tinha a opção de receber a caneca ou uma quantia em dinheiro o fato consistia em um ganho.

A aversão à perda implicou diferença entre os valores estabelecidos que os "vendedores" e "optantes" estavam dispostos a pagar ou receber pelas canecas. Enquanto para os primeiros a média de valor atribuído às canecas foi de US$ 7,12 (sete dólares e doze centavos), para os segundos foi de US$ 3,12 (três dólares e doze centavos), ou seja, praticamente a metade. Dessa forma, foi demonstrado que os indivíduos tendem a valorar mais as perdas do que os ganhos. Tal viés está fortemente relacionado com alguns

[192] KAHNEMAN, Daniel e TVERSKY, Amos. *Loss Aversion in Riskless Choice: A Reference-Dependent Model.* Quaterly Journal of Economics. Vol. 106. 2007. Pg. 1041.

outros vieses tratados no presente trabalho, como o do *status quo*, que serve como parâmetro inicial para a valoração de uma perda, ou o da ancoragem.

2.4.3. Representatividade

Questões de probabilidade, muitas vezes, consistem em determinar se: A pertence ao grupo B; qual a probabilidade de que o evento X seja originado do evento Y; qual a probabilidade do processo B gerar A etc. Frequentemente, quando as pessoas se deparam com essas questões, acabam esbarrando na heurística da representatividade, utilizando suas pré-compreensões para solucionar os problemas, o que resulta em grandes chances de ocorrerem erros de julgamentos.[193]

Para ilustrar essa heurística, foi realizado um experimento, o qual consistiu em apresentar para um grupo a seguinte hipótese: "Imagine uma garota de trinta e um anos, solteira e muito inteligente. Ela é formada em filosofia. Quando estudante, era muito preocupada com questões de descriminação e justiça social e também participou de manifestações contra o uso de energia nuclear." Logo após, foi solicitado aos participantes para elencarem, em ordem de maior probabilidade, oito possíveis futuros para a garota. As duas opções escolhidas como mais prováveis foram "caixa de banco" e "caixa de banco e ativista do movimento feminista". Os participantes concluíram que ela tinha mais probabilidade de ser uma "caixa de banco e ativista do movimento feminista", do que apenas "caixa de banco", o que não é lógico, pois a probabilidade de ser apenas "caixa de banco" é maior do que de ser "caixa de banco e ativista do movimento feminista", pois toda "caixa de banco e ativista do movimento feminista" é uma "caixa de banco", mas nem toda caixa de banco é feminista.[194]

Outro aspecto observado referente à heurística da representatividade foi que, frequentemente, tal heurística é utilizada para prever resultados de jogos, demanda por *commodities* ou se determinada ação irá se valorizar ou desvalorizar no futuro, o que possibilita decisões equivocadas. Quando solicitado que participantes expressem suas opiniões sobre os lucros futuros de uma determinada empresa, se a descrição da empresa é muito favo-

[193] KAHNEMAN, Daniel e TVERSKY, Amos. *Judgment Under Uncertainty: Heuristics and Biases.* Science. Vol. 185. 1974.

[194] THALER, Richard e SUNSTEIN, Cass. *Nudge: Improving Decisions About Health, Wealth, and Happiness.* Yale University Press. New Haven. 2008. Pg. 26-7.

rável, um lucro alto futuro vai parecer mais provável; se essa empresa tiver uma descrição mediana, a tendência será de que os candidatos acreditem que os lucros futuros dela serão medianos.[195]

2.4.4. Otimismo e confiança excessiva

Um experimento realizado com alunos do curso de MBA solicitou que eles respondessem em qual parcela relativa às suas notas obtidas no semestre eles acreditavam que iriam se enquadrar em sua turma. As opções variavam entre os 10% de alunos com as notas mais altas, os 10% subsequentes aos com a nota mais alta e assim por diante, cada opção correspondendo aos 10% subsequente à anterior. O que se observou foi que, mesmo se tratando de alunos com um grau de qualificação elevado, que sabiam que somente 1/10 da sala de aula poderia figurar entre os 10% com as notas mais altas (por razões óbvias), apenas 5% responderam acreditar se enquadrarem no grupo de alunos que ficariam dentre os 50% com nota mais baixa e mais da metade deles respondeu que acreditava estar dentre as duas primeiras opções (10% com notas mais altas e os 10% subsequente).[196]

As pessoas possuem tendências sistemáticas de superestimar sua capacidade. Quando obtêm sucesso, tendem a acreditar que foi em razão de suas habilidades e talentos; já quando fracassam, culpam fatores externos.[197] Há estudos comprovando que os grupos podem aumentar o otimismo excessivo, pois os mais otimistas acabam contaminando os não tão otimistas, levando a um pensamento homogêneo de otimismo excessivo, o que fará com que uns fortaleçam os excessos dos outros. Essa, talvez, possa ser uma das explicações para decisões equivocadas tomadas por algumas empresas, como expansão excessiva e más escolhas por novas linhas de negócio. Quando o otimismo toma conta, os riscos do negócio tendem a ser subestimados. Um exemplo disso foi o fato constatado de que os administradores de uma empresa que estão tratando a respeito do desenvolvimento de um novo produto, mesmo quando existem evidências de que esse produto poderá ser mal sucedido no mercado, tendem a acreditar que se trata de

195 KAHNEMAN, Daniel e TVERSKY, Amos. *Judgment Under Uncertainty: Heuristics and Biases.* Science. Vol. 185. 1974.

196 THALER, Richard e SUNSTEIN, Cass. *Nudge: Improving Decisions About Health, Wealth, and Happiness.* Yale University Press. New Haven. 2008. Pg. 32.

197 LANGEVOORT, Donald. *Organized Illusions: A Behavioral Theory of Why Corporations Mislead Stock Market Investors (And Cause Other Social Harms).* Vol. 146. Pa. L. Rev. 1997. Pg. 149.

um problema mínimo e que poderá ser facilmente superado, ignorando os possíveis fracassos futuros.[198]

2.4.5. Disponibilidade

As pessoas têm acesso às probabilidades de algo ocorrer ou à confiabilidade de determinado produto na proporção em que determinadas informações vêm à mente delas[199]. De tal forma, quanto mais facilmente determinada informação for disponível, mais influenciará na tomada de decisão. Ou seja, quando ocorre algo que acaba sendo constantemente veiculado na mídia, a tendência é que os indivíduos superestimem a probabilidade desse fato ocorrer novamente, mesmo que se trate de uma possibilidade extremamente remota. É o que acontece quando ocorrem acidentes envolvendo aviões, que, por serem extremamente raros, recebem uma publicidade muito grande. Esses eventos aparecem nos jornais e noticiários, constantemente, por vários dias, levando os indivíduos a acreditar que a probabilidade de acidentes aéreos ocorrerem é muito maior do que de fato é. Por exemplo: se alguém presenciou recentemente algum acontecimento, como uma determinada catástrofe, é bem provável que essa pessoa será afetada pela heurística da disponibilidade na hora de estimar a probabilidade de que ela ocorra novamente. Como mencionado, a indústria de seguros é uma das maiores beneficiadas com esses erros de julgamento. Em razão do medo que as pessoas sentem de que ocorra um incêndio em sua casa, por exemplo, acabam optando por segurá-la, ainda que a probabilidade de que isso ocorra seja muito baixa. As advertências nas embalagens de cigarro também surgiram com o intuito de lembrar os fumantes constantemente a respeito dos danos à saúde que podem decorrer da utilização do tabaco.[200]

Um experimento[201] realizado para demonstrar como as pessoas são influenciadas pela heurística da disponibilidade consistiu no seguinte: foram lidas algumas listas com nomes de pessoas conhecidas, e, logo após,

198 LANGEVOORT, Donald. *Organized Illusions: A Behavioral Theory of Why Corporations Mislead Stock Market Investors (And Cause Other Social Harms)*. Vol. 146. Pa. L. Rev. 1997. Pg. 150.

199 KAHNEMAN, Daniel e TVERSKY, Amos. *Judgment Under Uncertainty: Heuristics and Biases*. Science. Vol. 185. 1974. Pg. 1127.

200 THALER, Richard e SUNSTEIN, Cass. *Nudge: Improving Decisions About Health, Wealth, and Happiness*. Yale University Press. New Haven. 2008. Pg. 24-5.

201 TVERSKY, Amos e KAHNEMAN, Daniel. *Belief in the Law of the Small Numbers*. Psychological Bulletin. Vol. 76. 1971.

foi solicitado aos participantes que dissessem se a respectiva lista continha mais nomes de homens ou de mulheres. Em algumas das listas, os homens eram relativamente mais famosos que as mulheres. O que se percebeu da análise dessa experiência foi que as pessoas julgavam erroneamente que a classe (homem ou mulher) que continha mais nomes de pessoas famosas seria a mais numerosa.

Outro experimento consistiu em solicitar a participantes que respondessem qual das duas hipóteses teria uma maior probabilidade de aparecer em um texto aleatório em inglês: (a) palavras que iniciem com a letra "r"; (b) palavras que a letra "r" seja a terceira letra. Em razão de ser muito mais fácil de visualizar a letra inicial de uma palavra do que a terceira letra, as pessoas tendem a acreditar que a probabilidade de uma palavra começar com a letra "r", por exemplo, seja muito maior que a probabilidade dessa letra estar na terceira posição, embora a letra "r" seja bem mais frequente na terceira posição do que na primeira.[202]

2.4.6. *Status quo*

Outro viés frequente nas decisões é o já citado viés do *status quo*, que consiste no fato de que as pessoas tendem a manter as escolhas feitas, mesmo que tais escolhas sejam ultrapassadas e disfuncionais e havendo opções melhores a serem feitas.[203]

Uma série de experimentos foi realizada demonstrando a tendência dos indivíduos manterem suas decisões prévias independentemente da mudança do ambiente e das condições.[204] Sabendo disso, diversas empresas, entre elas as distribuidoras de revistas, utilizam esse viés para continuar a venda de seus produtos. Oferecem, por exemplo, a opção de receber três meses grátis de determinada revista em troca da sua assinatura. Ocorre que elas acabam condicionando, na assinatura, a renovação automática: caso o consumidor opte pela descontinuidade do serviço, terá de ligar para a empresa e enfrentar toda a burocracia que envolve o cancelamento, o que fará com que a grande maioria dos consumidores não o façam, oca-

202 TVERSKY, Amos e KAHNEMAN, Daniel. *Belief in the Law of the Small Numbers*. Psychological Bulletin. Vol. 76. 1971.

203 THALER, Richard e SUNSTEIN, Cass. *Nudge: Improving Decisions About Health, Wealth, and Happiness*. Yale University Press. New Haven. 2008. Pg. 34.

204 SAMUELSON, Paul. *A Note on the Pure Theory of Consumer's Behaviour*. Economica. Vol. 5. 1938. Pg. 61-71.

sionando uma renovação permanente da revista. Dessa forma, a empresa alcançou o seu objetivo inicial, que era justamente utilizar a inércia habitual dos seres humanos. Como enfatizado, regras padrão (*default rules*) acabam sendo *nudges* muito eficientes.[205]

Assim, após tratar especificamente sobre a Análise Comportamental do Direito e Economia, analisando suas principais características, bem como os argumentos favoráveis e contrários a ela, será abordada a relação entre as teorias da decisão, o Direito Tributário e a sustentabilidade. Buscar-se-á, com isso, compreender quais os principais desvios cognitivos que prejudicam a melhor escolha no âmbito das políticas públicas, especialmente as tributárias, e acarretam agravamento no quadro de insustentabilidade atual.

[205] THALER, Richard e SUNSTEIN, Cass. *Nudge: Improving Decisions About Health, Wealth, and Happiness*. Yale University Press. New Haven. 2008. Pg. 35.

3
TEORIAS DA DECISÃO[206], DIREITO TRIBUTÁRIO E SUSTENTABILIDADE

Há muitas críticas realizadas ao sistema tributário brasileiro[207]. Dentre as quais a de que ele é regressivo[208], o que acarreta em um maior impacto negativo financeiro principalmente para aqueles que possuem menor renda, de que, como consequência, ele não respeita a capacidade contributiva dos cidadãos, bem como diversos outros princípios constitucionais. No entanto, o que muitas vezes não é percebido é o fato de que grande parte desses supostos "problemas" relacionados ao ordenamento jurídico tributário, decorre dos vieses presentes nas tomadas de decisão daqueles que elaboram as leis, bem como dos próprios contribuintes.

Veja-se um exemplo: primeiramente, pode-se afirmar que o fato de haver maior enfoque do ente público na arrecadação tributária por meio de tributos indiretos se dá, em parte, em razão de tais tributos serem pagos sem que o contribuinte perceba que os está pagando. Já nos tributos diretos, como o imposto de renda, a percepção da "perda" de dinheiro por parte

206 Sobre as teorias da decisão aplicadas ao Direito Tributário vide CARVALHO, Cristiano. *Teoria da Decisão Tributária*. Saraiva. São Paulo 2013.

207 Para um estudo aprofundado acerca do Sistema Constitucional Tributário, seus princípios e limitações ao poder de tributar vide ÁVILA, Humberto. Sistema Constitucional Tributário. 5ª ed. São Paulo: Editora Saraiva, 2012.

208 Sobre o tema vide. PINTOS-PAYERAS, José Adrian. *A carga tributária no Brasil: um modelo para análise dos impactos das políticas tributárias na arrecadação e distribuição*. Tesouro Nacional. Brasilia. 2008; SCHRÖDER, Bruno Henrique Versiani. *Regimes, Governos e a Carga Tributária*. Tesouro Nacional. Brasília. 2009; BRASIL. *Indicadores de Equidade do Sistema Tributário Nacional*. Presidência da República. Brasília. 2009 e ALVES, Henrique Napoleão. Tributação e Injustiça Social no Brasil. Revista Espaço Acadêmico. nº 133. 2012.

do contribuinte é muito maior, motivo pelo qual não há tanto interesse em majorar a tributação via tributos diretos para não gerar aversão ainda maior dos cidadãos com relação aos governantes.

Um outro exemplo disso é o fato de que a sonegação tende a ser maior em países cuja percepção dos cidadãos seja de que o dinheiro arrecadado não é bem utilizado pelo estado. Isso porque ninguém gosta de trabalhar para o seu dinheiro ser retirado de sua posse e depois ser utilizado em obras superfaturadas, corrupção, manutenção de cargos públicos inúteis criados com o intuito meramente para servirem de cabide de emprego, dentre outras maneiras ineficientes e pouco republicanas de uso do dinheiro "público".

No entanto, embora seja compreensível a postura de determinadas correntes de pensamento no sentido de que o imposto seria uma espécie de roubo por parte do estado para com o cidadão, pelos motivos acima expostos, o fato é que não é possível, na prática, simplesmente eximir a sociedade do pagamento de tributos, pois isso acabaria por inviabilizar a vida em sociedade e a manutenção dos gastos básicos para a manutenção da civilidade.

Diante disso, partido do pressuposto de que a cobrança de tributos se faz necessária, o que pode ser capaz de mitigar os impactos danosos da má utilização do dinheiro público, é, além do corte de gastos desnecessários e do fomento a instituições fortes, a implementação de normas tributárias que facilite a vida dos cidadãos, das empresas e promova o aumento da produtividade nacional.[209]

Com efeito, para tornar as normas mais eficazes, o primeiro passo é a realização de análise dos impactos que tais normas terão, sob pena de, caso sejam instituídas normas sem essa análise prévia, que é o que ocorre frequentemente, continuar a elaborar normas que prejudicam a produtividade nacional, o empreendedorismo, a inovação e, em última instância, a vida de todos os cidadãos. Daí a importância da economia comportamental aplicada ao direito.

Assim, para que se possa evoluir consideravelmente em termos de sustentabilidade, devem-se procurar formas capazes de tornar mais eficazes as políticas públicas. Dentre elas, destacam-se as relativas a questões fis-

[209] Sobre o tema vide TOMKOWSKI, Fábio Goulart. *Constituição Econômica e Produtividade.* Belo Horizonte: Editora Fórum, 2021.

cais e econômicas[210], além de um profundo processo de desburocratização, pois a burocracia traz gigantescos custos e prejudica a competitividade das empresas brasileiras no mercado externo, impedindo que o país possa alçar voos mais altos em termos de desenvolvimento.

Desse modo, percebe-se que, no *trade-off* entre arrecadação e justiça fiscal, o Brasil optou pela primeira opção. Em nome de maior arrecadação aos cofres públicos, o país não se preocupou em otimizar a utilização do dinheiro arrecadado, mas buscou compensar a incompetência na gestão com o aumento contínuo da carga tributária. Nesse sentido, importante ressaltar que a carga tributária excessiva é capaz de destruir com uma nação, basta lembrarmos as lições de Montesquieu de que os romanos, após destruírem os exércitos de um príncipe, arruinavam-lhe as finanças com taxas excessivas ou tributos, visando fazê-lo pagar os custos da guerra, o que pode ser considerado como uma nova espécie de tirania, fazendo com que o príncipe fosse obrigado a oprimir os seus súditos e, consequentemente, perdesse seu apoio.

Não obstante, Montesquieu lembra, ainda, que o próprio império romano teve sua derrocada em grande parte devido à excessiva carga tributária, pois, nas províncias romanas, ela acabou tornando-se insuportável, não deixando outra escolha para os cidadãos a não ser refugiar-se entre os Bárbaros ou entregar sua liberdade ao primeiro que a quisesse tomar.[211]

Por tal razão, é necessária uma análise profunda sobre o que se faz de errado e por qual motivo, mesmo tendo uma das maiores cargas tributárias do mundo, falta dinheiro para investimentos em todos os setores. A isso, soma-se o fato de que, ano após ano, o crescimento do produto interno bruto continua sendo baixo, menor até mesmo do que em países com um grau de desenvolvimento muito inferior ao Brasil.

De tal maneira, não basta apenas utilizar programas assistencialistas. Os mesmos, sem dúvidas, possuem importância, mas têm seus efeitos praticamente anulados pelo fato de que, assim que as verbas são dadas aos cidadãos com uma mão, são retiradas pelo governo com a outra.

[210] Vide CONGDON, William; KLING, Jeffrey R. e MULLAINATHAN, Sendhil. *Behavioral Economics and Tax Policy*. National Tax Journal (62). Washington D.C. 2009.

[211] MONTESQUIEU, Charles Louis de Secondat de. *Considerações sobre as causas da grandeza dos romanos e da sua decadência*. A concentração do poder. Trad. Pedro Vieira Mora. 2ª ed. São Paulo: Saraiva, 2005, p. 143 e 266.

No âmbito econômico, o sistema tributário brasileiro acaba inviabilizando os mecanismos de mercado. O grau de complexidade e falta de coerência das normas é tanto que torna os empreendedores extremamente dependentes do oneroso custo burocrático para conseguir compreender e pagar adequadamente os tributos. Os custos burocráticos de pagar tributos, na indústria de transformação, por exemplo, equivalem ao dobro do que a indústria investe em inovação.[212] Ou seja, não há ganho de produtividade que resista face a tamanho desperdício de energia criativa. Como agravante, tem-se o fato de que os incentivos fiscais se dão sem nenhum critério e estudo de impacto econômico real, demonstrando o apego a políticas míopes, que só se preocupam com o presente e esquecem que a conta a ser paga no futuro pode ser altíssima.

Como se não bastasse, o sistema tributário, que não possui ordem nem unidade, do ponto de vista ambiental, é inviável. A poluição ambiental e a imobilidade urbana ganharam, nos últimos anos, um grande aliado: o próprio Estado. Dependente das políticas públicas irracionais e sem análise de impacto a longo prazo, utiliza-se das políticas descriteriosamente, visando aumento mínimo no crescimento do produto interno bruto.

O Estado se utiliza, recorrentemente, de políticas extrafiscais equivocadas e simplistas, invertendo prioridades e adiando os ajustes necessários. Com o objetivo de buscar o alívio imediato nas exigências de crescimento econômico, acaba gerando o superendividamento das famílias e adotando políticas para incentivar crescimento do PIB por meio de sacrifícios em termos de desenvolvimento sustentável. Assim, ao que tudo indica, as políticas públicas parecem não dialogar com as políticas tributárias, visto que, quanto mais aumenta a arrecadação aos cofres públicos, menos sustentável é o crescimento e mais agravam-se as desigualdades.

Logo, é indispensável que o sistema tributário passe por uma transformação profunda para que se possa evoluir tanto do ponto de vista social quanto do econômico e ambiental. O atual modelo é claramente um atraso para a sociedade.

Com efeito, esse novo sistema tributário deve ser idealizado como um sistema jurídico que possua uma rede axiológica e hierarquizada topicamente de princípios fundamentais, normas estritas e valores jurídicos, adequando-se às finalidades de sustentabilidade. Esses valores devem ter

212 FIESP. *O peso da burocracia tributária na Indústria de transformação*. São Paulo. 2013.

a função de evitar e/ou superar antinomias, dando eficácia aos objetivos que fundamentam um Estado de Direito[213], em consonância com a Constituição Federal[214]. O sistema necessita ser elaborado com um alto grau de transparência e segurança, do ponto de vista jurídico. Também é importante estar em consonância com políticas públicas voltadas para o incentivo do desenvolvimento[215] duradouro e de políticas tributárias com caráter extrafiscal que vão além da mera função arrecadatória e do crescimento do produto interno bruto sem levar em consequência os impactos negativos que irão causar. Nesse sentido, embora não seja uma ferramenta definitiva para resolver todas essas questões, os instrumentos provenientes das teorias da decisão podem ser utilizados como auxílio.

Desse modo, por meio, principalmente, do aprimoramento na implementação das políticas públicas, com análise dos possíveis impactos que poderão ter, é possível obter maior observância e produzir melhores resultados. Essa possibilidade se constrói a partir da compreensão de como os seres humanos decidem e respondem a determinados estímulos específicos.

3.1. A sustentabilidade como diretriz interdisciplinar

O princípio constitucional da sustentabilidade determina, com eficácia direta e imediata, a responsabilidade pela concretização solidária do desenvolvimento material e imaterial. Essa responsabilidade pertence tanto ao Estado como à sociedade, no intuito de assegurar de modo preventivo o direito ao bem-estar no presente e no futuro.[216] Em consonância com esse princípio, as políticas públicas devem assegurar as condições objetivas e subjetivas de bem-estar a longo prazo.

Durante muito tempo, a sustentabilidade foi considerada apenas matéria privativa do Direito Ambiental. Todavia, na medida em que os estudos a respeito foram sendo aprofundados, percebeu-se que ela está intima-

[213] Freitas, Juarez. *A Interpretação Sistemática do Direito.* Malheiros. São Paulo. 2010. Pg. 63.

[214] Sobre o tema vide Andrade, José Maria Arruda de. *Hermenêutica da Ordem Econômica e Constitucional e o Aspecto Constitutivo da Concretização Constitucional.* Revista Fórum de Direito Financeiro e Econômico, v. 1, p. 249-268, 2012.

[215] Sobre as diretrizes estabelecidas como metas para o desenvolvimento pela Constituição Federal vide Tavares, André Ramos. *Direito Constitucional Econômico.* 3ª ed. Rio de Janeiro: Forense, 2011 e Grau, Eros. *A ordem econômica na Constituição de 1988: interpretação e crítica.* 18ª ed. São Paulo: Malheiros, 2015.

[216] Freitas, Juarez. *Sustentabilidade: Direito ao Futuro.* Editora Forum. Belo Horizonte. 2012. Pg. 41.

mente relacionada às mais diversas áreas. A sustentabilidade incide no Direito como um todo, de forma interdisciplinar e sistemática, e é, inclusive, objeto de previsão em lei.

O artigo 3º da Lei de Licitações, por exemplo, prevê que os contratos públicos, com os quais o governo gasta o cerca de 15% do PIB[217], devem obrigatoriamente incorporar a função administrativa de fomento e indução de novas práticas de produção e consumo, que devem estar de acordo com o desenvolvimento sustentável. Ou seja, não se trata de uma opção de aplicar ou não o princípio, mas sim de uma obrigatoriedade.

Nesse mesmo sentido, é previsto como obrigação conferir prioridade à aquisição de produtos reciclados ou recicláveis, eis que o sistema, em sua alteridade, preordena escolhas e fixas prioridades, como na lei de resíduos sólidos[218]. Do mesmo modo, a lei de RDC (Regime Diferenciado de Contratações)[219], em seu artigo 4º, III, determina a obrigatoriedade de estimativa de custos e benefícios diretos e indiretos nas contratações públicas. Assim, a Administração Pública terá de realizar estudos sobre os impactos das medidas adotadas, seja na seara social, econômica ou ambiental. Seguindo esta mesma linha, a Resolução n. 4.327, do Banco Central do Brasil[220], determina, em seu artigo 4º, que as instituições financeiras, públicas e privadas devem levar em consideração, em suas operações, os riscos socioambientais que possam ser causados.

Por outro lado, especificamente com relação ao Direito Tributário, embora tal princípio não conste expressamente na maioria dos cursos e manuais, é de extrema relevância que ele seja aplicado. De tal maneira, o sistema tributário torna-se mais sustentável do ponto de vista social, ambiental e econômico, diminui a regressividade e avança em busca de maior justiça fiscal. Respeitando os princípios constitucionais e com uma melhor gestão do dinheiro público, o sistema tributário pode oferecer melhores contraprestações aos contribuintes.[221]

[217] Segundo dados do Ministério do Meio Ambiente. Disponível em http://www.mma.gov.br/responsabilidade-socioambiental/a3p/eixos-tematicos/item/526

[218] BRASIL. Lei nº 12.305, de 2 de agosto de 2010.

[219] BRASIL. Lei nº 12.462, de 4 de agosto de 2011.

[220] BANCO CENTRAL DO BRASIL. Resolução nº 4.327, de 25 de abril de 2014. Disponível em http://www.bcb.gov.br/pre/normativos/res/2014/pdf/res_4327_v1_O.pdf

[221] O Estado brasileiro sabidamente carece de melhoria na gestão dos recursos arrecadados, pois oferece uma contraprestação muito abaixo da esperada pelos contribuintes. Como exemplo, foi aprovado o Plano Nacional da Educação, que estabelece metas e estratégias

Assim, a política tributária tem de servir, antes de mais nada, à garantia do desenvolvimento duradouro, como teleologia inarredável do sistema. Qualquer atividade estatal, sobremodo se imposta compulsoriamente, tem de estar orientada para o cumprimento preciso dos objetivos fundamentais do Estado Constitucional, sob pena de conduta antijurídica e danosa.

O certo, entretanto, é que o sistema tributário, da maneira que está, tem sido um atraso ao desenvolvimento do país, além de contribuir diretamente para o problema da desigualdade social. Como exemplo disso temos o fato de que os contribuintes trabalham cerca de 4 meses por ano apenas para pagar tributos[222] e, conforme relatório sobre a burocracia no Brasil, um grande número de horas produtivas das empresas no Brasil é consumida apenas para pagar tributos, além de outras burocracias às quais estão sujeitas.[223] Inconcebível, assim, que tal burocracia, que há muito já havia sido prevista por Shumpeter[224], continue da maneira como está.

Outrossim, a tributação deve servir como forma de atividade estatal indireta de fomento a condutas ambientalmente sustentáveis "*lato sensu*", inibindo, por essa via, impactos nocivos que os agentes econômicos não precifiquem. Entretanto, deve haver cuidado para evitar que tais tributos sejam transformados em sanções. Os tributos, sempre que possível, não devem ser instituídos com o caráter meramente arrecadatório, mas sim como forma de moldar condutas por meio da extrafiscalidade.[225]

para o setor em 10 anos e que, entre elas está a previsão de investimento público de 10% do PIB para a educação, até o final do decênio. Todavia, sem melhorias de gestão, nada garante em termos de educação (de habilidades cognitivas e não cognitivas) de qualidade, já que, como se vê no Direito Comparado, a quantidade de investimento importa muito menos do que qualidade. O Brasil já é um dos países que proporcionalmente mais investe em educação, estando a frente de diversos países de primeiro mundo e que possuem excelentes desempenhos nas avaliações do sistema educacional, como a Alemanha e a Coreia do Sul (OECD. *Education at a Glance.* 2013), porém a diferença qualitativa do sistema educacional é imensa, o que demonstra que não basta somente aumentar o montante investido, mas deve haver qualidade na implementação de políticas educacionais, a fim de colher resultados futuros consistentes.

222 AMARAL, Gilberto Luiz do et al. Dias trabalhados para pagar tributos – 2014. Instituto Brasileiro de Planejamento Tributário. 2014.

223 Banco Mundial. *Doing business subnacional Brasil 2021.* World Bank Group, 2021.

224 Vide SCHUMPETER, Joseph. *The theory of Economic Development: An inquiry into profits, credit, interest, and business cycle.* Harvard University Press. Cambridge, EUA. 1949.

225 Embora se saiba que todo tributo, de certa maneira, acaba induzindo condutas, tais induções devem ser pensadas, de modo a aumentar a eficácia dessas normas, conforme os objetivos estabelecidos pela Constituição brasileira.

Sob essa ótica, percebe-se que os tributos devem observar critérios de sustentabilidade, promovendo o desenvolvimento sem que a vontade do Estado se sobreponha à Constituição[226], para que não ocorra um retrocesso. Assim, os tributos auxiliam na formação de uma sociedade livre, justa e solidária, nos termos do artigo 3º da Magna Carta.[227]

Busca-se, com isso, propor que as normas tributárias devem encapsular a dimensão indutora[228] do desenvolvimento[229] sustentável por meio da extrafiscalidade, que, por intervenção indireta, visa estimular que os contribuintes evitem falhas e assimetrias de mercado. A incidência de Imposto sobre Operações Financeiras pode, por exemplo, dependendo da alíquota, inibir ou estimular determinadas operações financeiras ou de créditos específicas. Já a incidência ou não incidência de Imposto sobre Produtos Industrializados pode estimular ou desestimular a aquisição de determinados produtos específicos. No entanto, é necessário que, antes da implementação de tais medidas, sejam realizados estudos a respeito dos impactos das mesmas, evitando o agravamento de problemas já existentes. Assim, o exame de legalidade dos tributos, em geral, não pode ser feito somente com base em elementos linguísticos do texto normativo ou argumentos sistêmicos clássicos. Devem também

[226] Sobre o papel transformador da Constituição, que não pode ser deixado de lado, bem como sua não observância vide Bercovici, Gilberto. *A Constituição Brasileira de 1988, as 'Constituições Transformadoras' e o 'Novo Constitucionalismo Latino-Americano'.* Revista Brasileira de Estudos Constitucionais, v. 26, p. 285-305, 2013 e Bercovici, Gilberto. E*stado Intervencionista e Constituição Social no Brasil: O Silêncio Ensurdecedor de um Diálogo entre Ausentes.* In: Cláudio Pereira de Souza Neto; Daniel Sarmento; Gustavo Binenbojm. (Org.). *Vinte Anos da Constituição Federal de 1988.* Rio de Janeiro: Lumen Juris, 2009.

[227] Art. 3º Constituem objetivos fundamentais da República Federativa do Brasil: I – construir uma sociedade livre, justa e solidária; II – garantir o desenvolvimento nacional; III – erradicar a pobreza e a marginalização e reduzir as desigualdades sociais e regionais; IV – promover o bem de todos, sem preconceitos de origem, raça, sexo, cor, idade e quaisquer outras formas de discriminação.

[228] Sobre o tema vide interessante debate acerca da utilização dos critérios econômicos do tributo como critério para análise de sua constitucionalidade Schoueri, Luís Eduardo. *Tributação e indução econômica: os efeitos econômicos de um tributo como critério para sua constitucionalidade.* In: Roberto Ferraz. (Org.). *Princípios e Limites da Tributação 2 – Os princípios da ordem econômica e a tributação.* São Paulo: Quartier Latin, 2009.

[229] Sobre o tema vide Coutinho, Diogo R.. *O Direito Econômico e a Construção Institucional do Desenvolvimento.* Revista Estudos Institucionais, v. 2, 2016 e Coutinho, Diogo R. *O Direito no Desenvolvimento Econômico.* Revista Brasileira de Direito Público, v. 38, 2012.

versar sobre os seus impactos no longo prazo e sobre seus custos diretos e indiretos.[230]

Da mesma maneira, os tributos devem fomentar aumentos de produtividade nacional, bem como não devem prejudicá-la, sob pena até mesmo de inconstitucionalidade, pois como já defendemos em outra obra, a busca pelo aumento da produtividade é uma norma constitucional transformadora e que poderá ser utilizada para controle de constitucionalidade, visto que aumentos contínuos nos níveis de produtividade são essenciais para que o desenvolvimento nacional possa ocorrer de maneira sustentável.[231]

3.2. Direito tributário e (in)sustentabilidade

O sistema tributário brasileiro é contraditório. Não possui unidade, ao mesmo tempo em que é insustentável, inflacionário e iníquo. Tem como uma das maiores causas para a insustentabilidade o custo burocrático excessivo de recolher tributos.

Sem sombra de dúvidas, devido à agilidade exigida pelo mercado nos dias atuais, o mesmo acaba punindo quem não acompanha seu ritmo. Em razão disso, as empresas brasileiras vêm perdendo cada vez mais competitividade com relação às empresas estrangeiras, e grande parte desse prejuízo se dá em decorrência do tempo necessário para cumprir com as burocracias de pagar tributos. Isso poderia ser evitado se o modelo tributário fosse mais moderno, menos complexo e com mais coerência. Como exemplo positivo de tentativa de desburocratização tributária temos o Simples Nacional[232], que se aplica às microempresas e empresas de pequeno porte, porém ainda é pouco frente aos problemas existentes.

Da análise do ordenamento jurídico brasileiro, conclui-se que o mesmo conta com mais de 5,5 mil códigos tributários municipais, além de 27 códigos estaduais, o que torna a complexidade ainda maior. Cumula-se a isso

230 Vide, sobre extrafiscalidade e normas de indução, DALSENTER, Thiago. *A norma jurídica tributária e o princípio constitucional da solidariedade na indução de comportamentos ambientalmente adequados.* Dissertação apresentada ao Programa de Pós-Graduação da Faculdade de Direito (Mestrado). Universidade Federal do Paraná. Curitiba. 2012; ELALI, André. *Tributação e Regulação Econômica. Um exame da tributação como instrumento de regulação econômica na busca da redução das desigualdades regionais.* MP Editora. São Paulo. 2007. SCHOUERI, Luis Eduardo. *Normas tributárias indutoras e intervenção econômica.* Forense. Rio de Janeiro. 2005.

231 Sobre o tema vide TOMKOWSKI, Fábio Goulart. *Constituição Econômica e Produtividade.* Belo Horizonte: Editora Fórum, 2021.

232 BRASIL. Lei Complementar nº 123, de 14 de dezembro de 2006.

o fato de que o julgamento dos processos tributários são os mais morosos, levando em média 10 anos para que ocorram. Isso se dá, em grande parte, devido à complexidade e falta de clareza das normas tributárias.

Percebe-se que a burocracia é uma das grandes inimigas da competitividade da indústria brasileira em relação ao mercado exterior. Dentre os principais problemas estão: em primeiro lugar, o número excessivo de obrigações legais; em segundo lugar, a complexidade destas obrigações; e, em terceiro lugar, a alta frequência das mudanças de regras. Existem, também, outros fatores que influenciam negativamente, tais como o câmbio, a infraestrutura e a logística (que é precária em razão das políticas de curto prazo). No entanto, certamente a burocracia é um dos que mais contribui para isso.

Além do mais, normas tributárias são publicadas a todo o momento pelos entes públicos das diferentes esferas. Todavia, a maior parte dessas normas acabam sendo revogadas ao longo do tempo.

Assim, uma das medidas mais relevantes é que ocorra um choque de desburocratização no Brasil, a fim de que o tempo desperdiçado pelas empresas com a burocracia possa ser utilizado para atividades produtivas. Isso facilitaria, inclusive, o aumento da arrecadação, visto que quanto menos burocracia houver, maior será a tendência de aumento na observância das normas tributárias.

Outro aspecto importante a ser lembrado é a constante insegurança jurídica, que acaba por afastar os investimentos nas mais diversas áreas no país. Tanto os tribunais como o próprio governo, frequentemente, alteram seus posicionamentos a respeito de questões já decididas, o que causa receio em grande parte dos investidores. Logo, é necessário que existam instrumentos que aumentem a segurança jurídica[233], facilitando a previsibilidade dos fatos, a fim de que se possa recuperar a credibilidade do mercado.

Um dos maiores entraves com relação à sustentabilidade frente à tributação no Brasil, é a maneira como essa se baseia. Os impostos indiretos, que incidem sobre o consumo de bens e serviços, são responsáveis por cerca de metade de toda a arrecadação, ocasionando, teoricamente,

[233] Sob o tema vide Ávila, Humberto. *Teoria da Segurança Jurídica*. 3ª ed. São Paulo: Malheiros, 2014 e Torres, Heleno Taveira. *Direito Constitucional Tributário e Segurança Jurídica: Metódica da Segurança Jurídica no Sistema Constitucional Tributário*. 2ª ed. São Paulo: Editora Revista dos Tribunais, 2012.

em injustiça fiscal. Aqueles que possuem uma situação econômica menos favorável acabam sendo muito mais onerados do que aqueles em melhores condições. Isso ocorre pelo fato de que os impostos indiretos quase não observam o princípio constitucional da capacidade contributiva, por já estarem inclusos nos preços das mercadorias, de forma que todos – ricos e pobres, acabam pagando as mesmas alíquotas.

Ademais, os impostos indiretos acabam inflacionando o preço das mercadorias, fazendo com que a indústria perca competitividade, limitando ainda mais o crescimento econômico. Enquanto a tributação americana é constituída de somente 17% de tributos indiretos e a da Noruega, 26%; no Brasil, tais tributos chegam a 49% da arrecadação total, o que deixa clara a desproporcionalidade do sistema tributário brasileiro.

Ainda, no Brasil, a tributação é maior em termos do total de carga tributária em comparação à média dos países membros da OCDE, embora, em termos de contraprestação, esteja muito atrás dos países com carga tributária semelhante.

Cabe lembrar que, no Brasil, uma pessoa física, na maior parte das vezes, paga mais imposto de renda quando comparada proporcionalmente a uma pessoa jurídica. Enquanto a pessoa jurídica, dependendo do regime tributário pelo qual optar, não pagará tributo quando tiver prejuízos, a pessoa física, caso tenha mais despesas do que ganhos, pagará tributo da mesma forma. Assim, visando a observância do princípio da capacidade contributiva, com relação ao imposto de renda pessoa física: não deve haver limites para a dedução de despesas com educação e saúde[234]; bem como é necessário que ocorra revisão de forma a adequar o piso e as faixas de rendimentos sujeitas a cada alíquota aos princípios constitucionais.

Um dos livros mais polêmicos e debatidos dos últimos anos "*Le capital au XXI Siècle*"[235], do economista francês Thomas Piketty, faz uma ampla abordagem, com base em pesquisa empírica, a respeito da desigualdade ao redor do mundo, buscando relacioná-la ao crescimento e à tributação.

Essa obra faz análise do grau de desigualdade presente em diversos países. Dentre os dados mais interessantes que demonstram a diferença

[234] Isso se justifica em razão de o direito à educação e à saúde serem direitos fundamentais assegurados na Constituição Federal. Assim, uma vez que o Estado, que é quem deveria assegurar tais direitos à população, fracassou em fazê-lo, é extremamente razoável que o cidadão possa deduzir tais gastos da base de cálculo do imposto de renda.

[235] PIKETTY, Thomas. *Le capital au XXI Siècle.* Le Seuil. Paris. 2013.

econômica entre os ricos e os pobres, chama-se atenção para os seguintes quadros comparativos:

A diferença de patrimônio entre os diferentes grupos[236]

	Europa 2010	EUA 2010
Os 10% mais ricos	60,00 %	70 %
Dentre os quais os 1% mais ricos	25,00 %	35,00 %
Dentre os quais os 9% seguintes	35 %	35,00 %
Os 40% intermediários	35 %	25,00 %
Os 50% mais pobres	5,00 %	5,00 %

Parcela dos diferentes grupos no total de rendimentos do trabalho[237]

	Europa 2010	EUA 2010
Os 10% mais ricos	25,00 %	35,00 %
Dentre os quais os 1% mais ricos	7 %	12,00 %
Dentre os quais os 9% seguintes	18,00 %	23,00 %
Os 40% intermediários	45,00 %	40,00 %
Os 50% mais pobres	30,00 %	25,00 %

Dentre as conclusões do referido autor está o fato de que, caso as políticas públicas continuem como estão, sem buscar formas concretas para diminuir a desigualdade social, a tendência é que essa se agrave ainda mais. A riqueza, segundo ele, é concentrada cada vez mais na mão de poucos, aumentando a desigualdade econômica entre as diferentes classes sociais. Para ele, os mercados não possuem os mecanismos necessários para controlar o problema, necessitando de medidas por parte do governo para tal.

Pode-se afirmar que um dos principais fatores responsáveis pelo aumento da desigualdade é o da regressividade dos tributos. Piketty[238] ilustrou tal problema por meio de uma análise sobre as causas para o aumento da desigualdade econômica entre pobres e ricos nos Estados Unidos. Em determinado momento de sua história, quando possuía desigualdade social

236 Piketty, Thomas. *Le capital au XXI Siècle*. Le Seuil. Paris. 2013. Pg. 391.

237 Piketty, Thomas. *Le capital au XXI Siècle*. Le Seuil. Paris. 2013. Pg. 390

238 Piketty, Thomas. *Le capital au XXI Siècle*. Le Seuil. Paris. 2013. Pg. 209.

muito menor do que a dos dias atuais, o país tributava a renda, a herança e o patrimônio de forma mais progressiva, diferentemente do que ocorre atualmente. Contudo, o foco de incidência da tributação foi alterado, aumentando a regressividade e fazendo com que aqueles de menor capacidade econômica fossem mais onerados que os demais.

Como solução, Piketty[239] apresentou a ideia de estabelecer um modelo tributário que aumente a progressividade do imposto sobre a renda, de forma a elevar o "teto" das alíquotas. Tal modelo deve, segundo ele, estimular o investimento produtivo, concomitantemente com o aumento da arrecadação dos cofres públicos, de modo a possibilitar o aumento dos investimentos estatais em educação, saúde e proteção social.

Quanto à majoração da ideia de aumento da tributação da renda proposta por Piketty, no Brasil ela seria muito temerosa, pois apenas retiraria dinheiro dos cidadãos, sem resolver o principal problema, que é a gestão dos recursos arrecadados. Antes de cogitar qualquer aumento deve haver significativa melhora na gestão dos recursos arrecadados e o combate rígido à corrupção, pois, caso contrário, tais recursos serviriam apenas para o financiamento de obras e serviços superfaturados, sem trazer benefício à população.

Não obstante isso, no país, quando se faz um *trade off* entre equidade, eficiência e arrecadação de curto prazo, na maioria das vezes se opta pela arrecadação de curto prazo. Essa opção utiliza-se de renúncias fiscais sem critérios, que se dão em sua grande parte por meio de benefícios fiscais sem nenhum tipo de estudo de impacto social, ambiental e econômico.[240]

Desse modo, é necessário haver um controle rígido, por parte dos órgãos responsáveis, para com os gastos públicos e renúncias fiscais[241], visto que eles dizem respeito à vida de toda a sociedade. Os cidadãos, além de sofrerem com uma tributação extremamente onerosa e injusta, veem o dinheiro pago em tributos sendo utilizado para financiar e beneficiar grandes corporações, por conta de interesses puramente eleitoreiros.

239 PIKETTY, Thomas. *Le capital au XXI Siècle*. Le Seuil. Paris. 2013. Pg. 345.

240 Segundo parecer prévio emitido pelo Tribunal de Contas da União, no dia 04 de junho de 2014, somente em 2013, o montante renunciado pela União, por meio de benefícios tributários, foi de cerca de R$ 280 bilhões.

241 Sobre o tema vide DANIEL NETO, Carlos Augusto. *As Imunidades Tributárias Isencionais*. In: Elizabeth Nazar Carrazza; Isabela Bonfá. (Org.). *Atualidades do Sistema Tributário Nacional*. 1ed. São Paulo: Quartier Latin, 2015 e CORREIA NETO, Celso de Barros. *O avesso do tributo*. São Paulo: Editora Almedina, 2016.

As funções clássicas do Estado o limitavam a mero arrecadador de tributos para financiar os direitos fundamentais[242]. Entretanto, esse ponto de vista precisa ser deixado de lado, pois é necessário incorporar à função do Estado o dever de agir de forma positiva, criando um bom ambiente de negócios. Nesse sentido, os tributos com caráter indutor possuem extrema importância, pois não se limitam a um mero instrumento para arrecadar recursos, mas sim um meio para facilitar o desenvolvimento.[243]

De qualquer modo, é essencial ter a Justiça Fiscal como um princípio estruturante, bem como um princípio hermenêutico fundamental, no sistema jurídico tributário brasileiro, devendo essa servir de norte para todas as políticas tributárias, visto que, em razão das características citadas, atua como base para outros princípios, tais como o da isonomia fiscal, capacidade contributiva, progressividade, seletividade etc.[244] Dessa forma, observando o princípio da Justiça Fiscal, automaticamente muitos dos demais princípios tributários estarão sendo respeitados.

3.3. A tributação como instrumento indutor de políticas sustentáveis[245]

A tributação com fins ambientais[246] é, sem dúvida alguma, instrumento capaz de auxiliar no crescimento sustentável. Por meio do seu forte caráter indutório pró sustentabilidade e em decorrência do viés de aversão à perda,

[242] Sobre o tema vide SARLET, Ingo. *A Eficácia dos Direitos Fundamentais: uma teoria geral dos direitos fundamentais na perspectiva constitucional.* Livraria do Advogado. Porto Alegre. 2014.

[243] CALIENDO, Paulo. *Extrafiscalidade ambiental: Instrumento de proteção ao meio ambiente equilibrado.* In BASSO, Ana Paula et al. Direito e Desenvolvimento Sustentável. Juruá Editora. Curitiba. 2013.

[244] CALIENDO, Paulo. *Três Modos de Pensar a Tributação: Elementos para uma teoria sistemática do Direito Tributário.* Livraria do Advogado. Porto Alegre. 2009. Pg. 58.

[245] Sobre o tema vide SCHOUERI, Luís Eduardo. *Tributos e instrumentos econômicos ambientais: o uso de normas tributárias indutoras em matéria ambiental.* In: Lucy Cruz de Quinones; Mauricio A. Plazas Vega. (Org.). Foros y Debates XXV Jornadas Latinoamericanas y XXXIV Colombianas de derecho tributario. 1 ed. Bogotá: Instituto Colombiano de Derecho Tributario, 2010.

[246] Sobre o tema vide CAVALCANTE, Denise Lucena (Org.); BALTHAZAR, Ubaldo César (Org.). *Estudos de Tributação Ambiental.* Fundação Boiteaux. Florianópolis. 2010; CAVALCANTE, Denise Lucena (Org.). *Tributação Ambiental: Reflexos na Política Nacional de Resíduos Sólidos.* CRV. Curitiba. 2014; TORRES, Heleno Taveira (Org.). *Direito Tributário Ambiental.* Malheiros. São Paulo. 2005; e FIORILLO, Celso Antônio e FERREIRA, Renata. *Direito Ambiental Tributário.* Editora Saraiva. São Paulo. 2010.

é eficaz em incentivar os poluidores, sejam eles produtores ou consumidores, a ajustarem seus comportamentos em benefício do interesse público.[247]

Todavia, sua eficácia depende de que o tributo não seja genérico e único, mas sim direcionado, especificamente, para os seus objetivos, visto que, em decorrência do viés da disponibilidade presente nos indivíduos, quanto mais "visível" uma norma indutora se tornar, maior será sua eficácia. Um exemplo disso é a hipótese do governo busca diminuir as emissões de CFC prejudiciais à camada de ozônio, e os produtos com a substância X são altamente emissores de tal gás poluente. Se for instituído um tributo ambiental genérico e único, o resultado esperado na redução da poluição será pequeno. Em contrapartida, se for instituído um tributo que incida sobre os produtos que contêm a substância X, o resultado será muito maior.

Não por acaso, os tributos com fins ambientais ocasionam um incentivo constante a comportamentos menos danosos ao meio ambiente, pois, enquanto eles estiverem em vigor, os consumidores buscarão formas de diminuir o impacto econômico no seu orçamento, por meio de comportamentos e condutas menos poluentes.

Tais tributos, de tal maneira, por ocasionarem aumento de custos aos poluidores, acabam incentivando a busca por novas formas de tecnologias e inovações menos poluentes. São exemplos disso as novas formas de produção de energia ou a produção de carros movidos por energia elétrica mais acessíveis à população.[248]

No entanto, caso não ocorra uma intervenção governamental em questões como a da poluição, dificilmente haverá mudanças, pois não há incentivo por parte do mercado para levar os poluidores a contabilizarem os danos ambientais, sendo os danos repassados a toda a população, isentando o poluidor.

[247] Casalta Nabais discorre sobre as características dos tributos com fins ambientais: "É certo que os tributos ambientais, são, em geral, definidos pelas seguintes características ou notas típicas: 1) têm função extrafiscal; 2) tributam atividade mais poluente, atendendo ao princípio do poluidor pagador; 3) presumem a existência de produto alternativo para o qual possa ser dirigida a procura antes orientada para o produto tributado; 4) as receitas encontram-se, por via de regra, consignadas à realidade da função ambiental; 5) devem ser estabelecidas no início da cadeia produtiva (upstream). Mas em rigor, são as três primeiras notas que, efetivamente caracterizam os verdadeiros tributos ambientais enquanto tributos de natureza extrafiscal." (NABAIS, Casalta. Da sustentabilidade do Estado Fiscal. In NABAIS, José Casalta; DA SILVA, Suzana Tavares. (Coords.) *Sustentabilidade fiscal em tempos de crise*. Almedina. Coimbra. 2011. Pg. 47.

[248] OECD. *Taxation, Innovation and the Environment – A Policy Brief.* 2011. Pg. 5.

Desse modo, os tributos com fins ambientais[249] permitem que os consumidores/produtores de mercadorias poluentes decidam quais condutas irão realizar para diminuir os danos ambientais, diferentemente da maioria das medidas regulatórias contra a poluição, que estabelecem de forma taxativa o que deve ser feito (i.e. proíbe a utilização de determinada substância etc.)[250], razão pela qual possuem tamanha importância.

Importante lembrar, no entanto, conforme exposto por Denise Lucena, que, na utilização dos tributos como instrumento fiscal nas questões ambientais, sempre que possível, a proteção da capacidade contributiva dos contribuintes deverá prevalecer. Cabe ao Estado, ainda, o dever de buscar outros meios para resguardar os direitos dos cidadãos quando o critério ambiental prevalecer frente à capacidade contributiva, a fim de assegurar o bem-estar de todos a médio e longo prazo, como no caso dos desestímulos ao uso de carros velhos e poluentes, utilizado na União Europeia.[251]

Inegável é o fato de que os tributos com fins ambientais possuem grande potencial para inibir e desestimular condutas danosas ao meio ambiente, porém, conforme será exposto mais adiante, a criação de novas espécies tributárias pode não ser a melhor escolha em um país com a carga tributária elevada como o Brasil, devendo ocorrer uma adequação do sistema já existente aos objetivos nesse sentido.

3.3.1. Os tributos com fins ambientais[252] e a sustentabilidade

Quando ocorreu o início da grande industrialização durante a Revolução Industrial, acreditava-se que os recursos eram infinitos e não existia preocupação com os danos ao meio ambiente. Com o passar do tempo, na medida em que foi se adquirindo conhecimento a respeito dos danos que estavam sendo causados – como a poluição, o desmatamento etc. – a preocupação com o meio ambiente se tornou cada vez maior. A partir desse

[249] Sobre o tema vide SCAFF, Fernando Facury e TUPIASSU, Lise Vieira da Costa. *Tributação e Políticas Públicas: o ICMS ecológico*. In *Direito Tributário Ambiental*. Heleno Taveira Torres (org.). São Paulo: Malheiros, 2005, p. 724-747.

[250] OECD. *Environmental Taxation: A guide for Policy Makers*. 2011. Pg. 2.

[251] CAVALCANTE, Denise Lucena. *Os reflexos da tributação ambiental na política nacional de resíduos sólidos no Brasil*. Revista Direito à Sustentabilidade. Unioeste. Vol. 1. nº 1. Cascavél. 2014. Pg. 70.

[252] Sobre Direito Tributário e sua aplicação às questões relacionadas ao meio ambiente vide SCAFF, Fernando Facury; ATHIAS, J. A. (Org.) . *Direito tributário e econômico aplicado ao meio ambiente e à mineração*. São Paulo: Quartier Latin, 2009.

momento, percebeu-se que os recursos naturais eram finitos e que o crescimento desenfreado sem precauções acabaria por tornar insustentável a vida no planeta.

O desenvolvimento sustentável, que satisfaz as necessidades do presente sem comprometer as gerações futuras[253], é um assunto de relevância mundial. Já foi objeto de diversos eventos com representantes das principais economias, a fim de buscarem formas de conciliar crescimento econômico e sustentabilidade, causando o mínimo de prejuízo ao meio ambiente, do qual provêm os recursos básicos para a humanidade.[254]

Por tal razão, questões acerca da poluição, qualidade de vida e a escassez de recursos são algumas das preocupações dos que buscam um crescimento sustentável. O crescimento desenfreado o qual se vive hoje não tem valor algum se o preço a ser pago no futuro for altíssimo. Não é concebível que as futuras gerações sofram as consequências falta de prudência do ser humano. Dessa forma, é quase um consenso o fato de que é preciso mitigar, da forma eficaz, os danos ambientais.[255]

Nesse sentido, buscando atenuar os danos causados ao meio ambiente, foram tomadas algumas medidas, tais como a adoção de princípios. Entre esses princípios se destaca o do poluidor-pagador[256](*Vorsoge Prinzip*), que surgiu na Alemanha na década de 70 e consiste na internalização dos custos ambientais e de uso do meio ambiente por parte dos poluidores[257], em nome do interesse público. Também há o princípio da precaução, que

[253] "Sustainable development is development that meets the needs of the present without compromising the ability of future generations to meet their own needs." UNITED NATIONS. *Our common future.* Brundtland. 1987. Pg. 42.

[254] OECD. *Guidance on sustainability impact assessment.* 2010.

[255] IPCC. *Climate Change 2007: Synthesis Report.* IPCC. Genebra. 2007.

[256] Tal princípio foi incorporado ao Direito Ambiental brasileiro, constando na Política Nacional do Meio Ambiente, Lei nº 6.938, de 31 de agosto de 1981, a qual prevê, em seu artigo 4º, VII, "a imposição, ao poluidor e ao predador, da obrigação de recuperar e/ou indenizar os danos causados e, ao usuário, da contribuição pela utilização de recursos ambientais com fins econômicos". Também se faz presente na Declaração do Rio sobre o Meio Ambiente e Desenvolvimento, de 1992, que estabelece, em seu princípio 16, que: "As autoridades nacionais devem procurar promover a internacionalização dos custos ambientais e o uso de instrumentos econômicos, tendo em vista a abordagem segundo a qual o poluidor deve, em princípio, arcar com o custo da poluição, com a devida atenção ao interesse público e sem provocar distorções no comércio e nos investimentos internacionais."

[257] Ressalta-se que tal princípio não pode ser incorporado ao Direito Tributário em razão da proibição da utilização de tributos como sanção, conforme artigo 3º, do Código Tributário

visa a garantia contra eventual risco de danos que possam ocorrer contra o meio ambiente[258] e o princípio do protetor-recebedor[259], expressamente previsto no artigo 6º, II, da Lei nº 12.305/10, diferenciando-se pelo fato de a política fiscal, aqui, atuar como indutora de condutas favoráveis à proteção ambiental, por meio de alíquotas diferenciadas e incentivos fiscais.[260]

Do mesmo modo, incontáveis tratados, convenções e protocolos exploraram a questão da redução das emissões de poluentes ao meio ambiente como medida fundamental para preservar a vida na terra. O Protocolo de

Nacional. O foco da tributação com fins ambientais não deve ser a punição, mas sim a mudança de comportamento por parte dos poluidores.

[258] Conforme bem lembrado por Denise Lucena, a adoção de princípios ambientais, no âmbito do Direito Tributário, deve ser feita com cautela, tomando os cuidados necessários para que não ocorram violações aos princípios já em curso, sendo primordial, para isso, a adaptação destes à realidade fiscal. Tal preocupação possui tamanha importância pelo fato de que não se pode adotá-los à tributação ambiental quando estes possuirem caráter sancionatório, visto que o artigo 3º, do Código Tributário Nacional, é claro quando veda a possibilidade de tributo ser caracterizado como sanção. Assim, "cabe à tributação ambiental o estímulo ou o desestímulo a determinadas atividades que beneficiem ou prejudiquem o meio ambiente, porém, não alcançando o nível de agressão ambiental que saia do âmbito do suportável. A reparação dos danos ambientais já estará fora dos limites da tributação ambiental e passará para as esferas do Direito Civil e do Direito Penal, se for o caso". Cf. CAVALCANTE, Denise Lucena. *Os reflexos da tributação ambiental na política nacional de resíduos sólidos no Brasil.* Revista Direito à Sustentabilidade. Unioeste. Vol. 1. nº 1. Cascavél. 2014. Pg. 72.

[259] Para Denise Lucena, a interferência do Estado passa gradualmente por alterações no sentido de hoje incentivar determinadas condutas nas atividades econômicas com a redução ou extinção de tributos, para que, em um futuro próximo, os incentivos que não sejam mais necessários sejam eliminados, até que se chegue à fase em que as atividades prejudiciais ao meio ambiente sejam punidas. Ou seja, "vive-se uma fase de transição do princípio do poluidor-pagador passando atualmente pelo protetor-recebedor, até que se estabilize o conceito de sustentabilidade para, finalmente, concluir com o processo no não protetor-infrator. Novas políticas fiscais ambientais devem se somar aos programas de governos, para que sejam desenvolvidos cada vez mais projetos que visem, de um lado, a garantir a segurança, qualidade e economia no desenvolvimento econômico e, de outro, mitigar o impacto desses projetos no meio ambiente." Cf. CAVALCANTE, Denise Lucena. *Tributação ambiental no Brasil.* In QUEIROZ, Mary Elbe. *Tributação em foco: a opinião de quem pensa, faz e aplica o Direito Tributário.* IPET-Focofiscal. Recife. 2013. Pg. 108.

[260] Para Greice Pinz, o princípio do protetor-recebedor, assim como o poluidor-pagador, está relacionado ao conceito de externalidade, porém, enquanto o segundo visa a internalização das deseconomias externas, o primeiro possui como objetivo a remuneração das externalidades ambientais positivas. Cf. PINZ, Greice Moreira. *A responsabilidade ambiental pós-consumo e sua concretização na jurisprudência brasileira.* Revistas de Direito Ambiental. Vol. 65. São Paulo. 2012. Pg. 23-4.

Montreal, por exemplo, em seu artigo 3°, prevê que os países signatários devem formular, implementar, publicar e regularizar programas que contenham medidas para atenuar as mudanças climáticas por meio da remoção dos gases causadores do efeito estufa, bem como medidas que facilitem a adequação às mudanças climáticas.[261]

Dentre uma das maneiras de se buscar seguir tais diretrizes, conforme demonstrado, está a utilização dos tributos com fins ambientais,[262] que são tributos que visam incentivar ou desincentivar determinadas condutas, a fim de assegurar a sustentabilidade ambiental. Seu objetivo é de, por exemplo, atenuar os efeitos das externalidades negativas, buscando dar efetividade aos princípios supracitados, algo que não ocorre atualmente no Brasil. Esses tributos possuem caráter indutório, atuando como forma de inibir comportamentos danosos e podem ter uma eficácia ainda maior quando utilizados critérios que levem em conta as teorias da decisão[263].

Nesse sentido, os tributos pigouvianos, ou *pigouvian taxation*[264], foram criados, no início do século XX, buscando corrigir as falhas de mercados ou externalidades negativas, sem que uma regulação muito severa fosse necessária. No Direito Ambiental, esses tributos são cobrados das empresas poluentes, a fim de que as mesmas internalizem os custos da poluição ambiental causada. Essa medida foi implantada em razão do fato de que tais empresas, normalmente, são indiferentes aos danos que produzem, pois os mesmos acabam sendo dissolvidos entre todos.

Pigou afirmava que os efeitos danosos causados ao meio ambiente deveriam ser incluídos no preço dos negócios poluentes, como forma de punir e inibir essas condutas. Alguns países se utilizam da tributação pigouviana,

[261] UNITED NATIONS. *Montreal Protocol on Substances that Deplete the Ozone Layer.* 1987.

[262] Alguns importantes estudos foram realizados sobre a utilização de tributos com fins ambientais como parte da política para um crescimento sustentável. Dentre eles, destaca-se o realizado pela Agência de Avaliação Ambiental da Holanda (*Netherlands Environmental Assessment Agency*), do qual pode-se extrair algumas interessantes considerações. Vide PBL Netherlands Environmental Assessment Agency. *Environmental taxes and Green Growth. Exploring possibilities within energy and climate policy.* 2012.

[263] Vide JAMES, Simon e EDWARDS, Alison. *The importance of behavioral economics in tax research and tax reform: the issues of tax compliance and tax simplification.* New York University. Conference of the Society for the Advancement of Behavioral Economics, may 2007 e CABINET OFFICE – Behavioral Insights Team. *Applying behavioural insights to reduce fraud, error and debt.* Reino Unido, 2012.

[264] Vide PIGOU, Arthur. *The Economics of Welfare.* Macmillan. Londres. 1920.

como a Dinamarca e a Austrália, mas o Brasil ainda não. O que se tem previsto em alguns dispositivos do ordenamento jurídico são os incentivos fiscais, os quais por si só não são suficientes.

A razão pela qual não há previsão de tributos pigouvianos no ordenamento jurídico pátrio pode ser compreendida, talvez, pelos aspectos históricos anteriores ao atual regime democrático. As teorias clássicas de imposição tributária eram defensivas face ao poder de tributar do Estado. Todavia, deve-se começar a pensar no papel fomentador do Estado com relação às políticas de longo prazo, de maneira que elas estejam em sintonia com as prioridades constitucionais. Somente assim serão produzidos resultados consistentes no futuro e não se arcará com os ônus de planejar políticas públicas de forma míope.

De tal modo, a tributação pode e deve orientar e fomentar práticas de produção e de consumo. A atividade de fomento não pode ficar circunscrita à visão tradicional, pois a relação jurídico-tributária e a relação jurídico-administrativa não devem mais excluir considerações que boa parte da doutrina considera como extrajurídicas, mas que na realidade não são, como é o caso da sustentabilidade. São questões consequenciais, que levam em conta impactos sociais, ambientais e econômicos de longo prazo. A hermenêutica também deve levar em conta os desdobramentos que poderão ser causados, juntamente com as questões textuais linguísticas e sistêmicas, não menosprezando propósitos e consequências, como lembra Stephen Breyer em seu livro *"Making Our Democracy Work: A Judge's View"*[265]. Caso contrário, continuará sendo defendida a continuidade do *status quo* retrógrado e insustentável em vigor atualmente.

Com isso, a partir da utilização de tributos pigouvianos, o governo consegue criar artificialmente um custo a ser arcado pelos poluidores, de caráter majoritariamente extrafiscal, incentivando a mudança de comportamento por parte deles e dos consumidores de produtos poluentes. Por exemplo, supondo que um produto X seja altamente poluente e possua uma grande demanda no mercado, ele acaba causando danos ao meio ambiente que serão suportados não só pela empresa que o produziu, mas por toda a sociedade, acarretando em externalidade negativa.

Nesse sentido, a fim de fazer com que a empresa produtora internalize os custos dos danos ambientais repassados a terceiros, institui-se um tri-

[265] BREYER, Stephen. *Making our democracy work: a judge's view*. Alfred A. Knopf. Nova York. 2010.

buto pigouviano que irá incidir sobre a mercadoria. Dessa forma, em função da incidência[266] do tributo, o preço do produto possivelmente aumentará, causando uma diminuição da demanda. Logo, se o produto poluente não for tão consumido, os danos ambientais provenientes dele serão mitigados.

É importante ressaltar que a incidência do tributo pigouviano deve observar a razoabilidade, a fim de gerar um equilíbrio que otimize sua eficácia, de modo similar à lógica presente na representação teórica da denominada curva de Laffer. Em outras palavras, se for cobrada uma alíquota excessivamente alta, sua comercialização ficará inviabilizada. Se for muito baixa, por outro lado, não terá o efeito esperado na redução dos danos ambientais decorrentes do consumo/produção.

Assim, a tributação com fins ambientais, por meio de tributos pigouvianos pode ser um instrumento muito eficaz para corrigir os efeitos externos negativos ao meio ambiente. Os danos causados podem ser contabilizados no preço dos produtos poluentes, desincentivando a sua aquisição e corrigindo, através da tributação, externalidades negativas que o mercado sozinho não corrigiria.[267]

Entretanto, apesar do inegável efeito positivo com relação à diminuição dos danos ao meio ambiente, ressalta-se que, conforme lembra Denise Lucena, muito mais desejável do que criar novos tributos, num país com carga tributária elevadíssima como o Brasil, é a adoção dos incentivos fiscais[268] para as empresas que investirem na proteção ao meio ambiente. Assim, o ideal não é a criação de novas espécies tributárias com fins ambientais, mas sim a readequação do sistema tributário, incluindo os tributos já existentes, com foco na sustentabilidade.[269]

266 Sobre um estudo aprofundado sobre a incidência tributária vide CARVALHO, Paulo de Barros. *Direito Tributário: fundamentos jurídicos da incidência*. 9ª ed. São Paulo: Saraiva, 2012.

267 BAUMOL, William. *On Taxation and the Control of Externalities*. American Economic Review. Vol. 62. 1972. Pg. 307-22.

268 Sobre economia comportamental e incentivos fiscais vide LEICESTER, Andrew; LEVELL, Peter e RASUL, Imran. *Tax and Benefit Policy: insight from behavioral economics*. Londres: The Institute for Fiscal Studies, 2012.

269 CAVALCANTE, Denise Lucena. Tributação ambiental: por uma remodelação ecológica dos tributos. Revista do Programa de Pós-Graduação em Direito da UFC. Vol. 32. Fortaleza. 2012. Pg. 102.

3.4. Uma explicação para o comportamento poluente

A postura dos indivíduos de não se sentirem responsáveis pelos possíveis danos que, indiretamente, poderão causar, pode ser melhor compreendida pela teoria que distingue violações e julgamentos morais "pessoais" e "impessoais". Segundo essa teoria, nos julgamentos "impessoais", os indivíduos não se sentiriam culpados por seus atos – ou seja, não julgariam moralmente repreensível realizar determinada conduta. Já nos julgamentos em que as condutas fossem "pessoais", haveria, em caso de comportamento passível de ser considerado uma violação moral, o sentimento de responsabilidade pelo ato.[270]

Para os defensores dessa teoria[271], uma violação moral é "pessoal" quando preenche os seguintes critérios: (i) é suscetível de causar uma lesão grave (ii) a alguém específico (iii) e que tal dano não é em decorrência de estar tentando evitar algum dano a outro indivíduo. Face a esses critérios, pode-se facilmente perceber que o fato de uma empresa poluir o meio ambiente não preenche os requisitos para ser considerado uma violação moral "pessoal". Assim, os responsáveis por tais atos continuam indiferentes, sem se sentirem culpados por eventuais efeitos negativos que possam estar causando. Diante disso, fica claro que, quando uma empresa poluidora causa um dano ao meio ambiente, ela não percebe que está lesando alguém específico, tornando-se indiferente a esses danos. Isso demonstra a importância dos tributos com fins ambientais para corrigir os referidos problemas antes que eles se tornem cada vez mais complexos de serem resolvidos e que os danos ambientais causados sejam irreversíveis (uma vez que, além de tudo, o meio ambiente necessita de tempo até conseguir se recuperar dos danos vigentes)[272]. Esses tributos estimulam a adoção de condutas mais adequadas e menos danosas ao meio ambiente, monetarizando as lesões ambientais de forma que os poluidores, diretos ou indi-

[270] Para estudos mais aprofundados acerca da Biologia Evolutiva vide: HAUSER, Marc. *Moral minds: The nature of right and wrong.* Harper Collins e-books. Nova York. 2006; MIKHAIL, John. *Elements of moral cognition: Rawl's linguistic analogy and the cognitive science of moral and legal judgement.* Cambridge University Press. Cambridge. 2011 e WAAL, Frans de. *Primates and philosophers: how morality evolved.* Princeton University Press. Princeton. 2006.

[271] GREENE, J.D. e HAIDT, Jonathan. *How (and where) does moral judgment work.* Trends in Cognitive Sciences. Vol. 6. Nº 12. 2002. Pg. 517-23

[272] Vide MAKUCH, Karen E. e PEREIRA, Ricardo. *Environmental and Energy Law.* Wiley-Blackwell. 2012.

retos, arquem com os custos causados por seus atos e, assim, mudem sua forma de agir.

Ademais, outra explicação para essa indiferença dos poluidores para com seus atos pode ocorrer em razão das heurísticas e vieses, que, frequentemente, trazem desvios cognitivos na tomada de decisão.

Dentre as heurísticas que podem ser utilizadas para compreender o comportamento dos poluidores, destaca-se a da disponibilidade[273]. Essa heurística os leva a não perceberem diretamente os danos pelos quais são responsáveis e suas consequências, permanecendo indiferentes a eles. Tal comportamento ocasiona uma externalidade negativa – nesse caso, seria o fato de toda a população arcar com os danos ambientais causados por determinados indivíduos. Em virtude disso, adequar a tributação com foco na sustentabilidade ambiental se constitui em medida essencial para que ocorra controle e limitação, bem como a consequente diminuição gradual da poluição e dos danos causados ao meio ambiente.

3.5. Da necessidade de uma ação conjunta intergovernamental para maior sustentabilidade

Para obter resultados consistentes com relação à sustentabilidade ambiental, não basta a simples aplicação de tributos com caráter extrafiscal. É essencial que ocorra uma ação conjunta entre os governos das diferentes nações, pois tributar agentes poluentes pouco adiantará se não houver essa sincronia, visto que, sem isso, haveria uma simples migração para países onde não exista uma rigidez com relação ao controle de danos ambientais por meio de tributos.

O mesmo ocorre quando um país opta por aplicar uma alta carga tributária sobre determinado fato gerador, tendo como consequência a migração das pessoas afetadas pela tributação excessivamente gravosa para países que possuam uma tributação mais favorecida. Foi o que ocorreu na França com a aplicação de tributação com alíquota elevadíssima sobre grandes fortunas[274], fazendo com os que possuíam um grande patrimônio optassem por transferir o seu domicílio fiscal para um país com tributação mais amena.

[273] Vide TVERSKY, Amos e KAHNEMAN, Daniel. *Availability: A Heuristic for Judging Frequency and Probability*. Cognitive Psychol. Vol. 5. 1973. Pg. 207-32.

[274] Vide MARTINS, Ives Gandra. *O imposto sobre grandes fortunas*. São Paulo. 2002.

Utilizando um exemplo do direito interno, temos o que ocorre nas guerras fiscais[275] entre Estados quando visam atrair investimentos para seus territórios e, como consequência, mais arrecadação para os cofres públicos, mais empregos etc. Nesses casos, o Estado oferece vantagens, por meio de incentivos fiscais, a empresas que estejam buscando local para instalar seus estabelecimentos. Por razões óbvias, as empresas tenderão a se estabelecer no Estado em que tiver a tributação mais favorável.

Nesse sentido, diversos tratados internacionais abordaram a questão da necessidade de uma cooperação entre as nações a fim de reduzirem os danos causados ao meio ambiente. A Convenção de Viena para Proteção da Camada de Ozônio, por exemplo, impôs que os Estados membros adotassem medidas legislativas ou administrativas e cooperassem na harmonização das políticas de controle, limite, redução ou prevenção das ações humanas danosas em suas respectivas jurisdições.[276]

Assim, faz-se necessária uma ação conjunta global para que se alcance resultados concretos. De nada adianta um país efetuar reforma tributária, adequando o sistema tributário aos fins ambientais, se os demais países não fizerem o mesmo, pois, caso não haja essa ação conjunta entre as nações, simplesmente o que ocorrerá é uma mudança do local do poluidor para o país em que não haja tributação sobre a poluição.

3.6. A tributação como instrumento de fomento à inovação sustentável

O caráter de extrafiscalidade da tributação, no Brasil, não recebe a relevância devida. Porém, tais tributos possuem um papel de extrema importância, que é o de indutor de novas práticas de consumo e de produção, que podem ser altamente promissoras e inovadoras para a produção de energia sustentável. Infelizmente, o que ocorre no Brasil é o fomento à insustentabilidade, tanto no âmbito econômico e social como no ambiental. Um exemplo disso é o caso dos veículos elétricos, que são extremamente caros se comparados aos veículos movidos a combustível fóssil[277] (estes são fre-

[275] Sobre Guerra Fiscal vide MARTINS, Ives Gandra da Silva e CARVALHO, Paulo de Barros. *Guerra Fiscal: reflexões sobre a concessão de benefícios no âmbito do ICMS*. NOESES. São Paulo. 2014.

[276] Artigo 2.2 b, da UNITED NATIONS. *Vienna Convention for the protection of the Ozone Layer*. 1985.

[277] Com relação aos impostos ambientais incidentes sobre os combustíveis fósseis com intuito de desincentivar o seu uso, Saldanha Sanches afirma que os mesmos, apesar de *prima facie* violarem o que se conhece por justiça fiscal, pois atingiriam principalmente aqueles com menor capacidade contributiva, eles seriam justos, visto que "ao internalizarem as externalidades

quentemente objetos de políticas visando estimular a indústria nacional, tal como a redução de IPI, mas deixam de lado os impactos ambientais de longo prazo). É mais uma manifestação do viés da miopia temporal em matéria de política econômica e arrecadatória, com óbvios componentes eleitorais em detrimento de um desenvolvimento duradouro e sustentável.

Nesse sentido, os tributos com fins ambientais aparecem como fomentadores à inovação[278]. Graças a eles (dentre outros motivos), as indústrias poluentes, visando pagar menos tributos, acabam buscando inovações tecnológicas capazes de reduzir as emissões de poluentes.

Deve haver, também, leis favoráveis a atrair investimentos estrangeiros sustentáveis, como a geração de energia limpa[279], que contribui para a diminuição dos danos causados pelo constante aumento da demanda energética[280]. Quando se trata de desenvolvimento sustentável, é preciso grandes esforços para adotar políticas que o favoreçam. Com o foco na qualidade de vida da população, principalmente a longo prazo, convém deixar de lado as políticas míopes eleitoreiras e dar início a uma nova era de racionalidade – com um crescimento menos prejudicial e danoso à vida na Terra.

É necessário, ainda, estabelecer acordos entre nações buscando o avanço tecnológico de utilização energética, a fim de viabilizar formas menos poluentes de produção da mesma. Nesse sentido, o *European Energy Charter*[281] foi um acordo firmado entre os países europeus e alguns outros países industrializados com o intuito de desenvolver seu potencial energético por meio da promoção de políticas de eficiência energética compatíveis com o desenvolvimento sustentável.[282]

negativas ligadas ao uso dos combustíveis fósseis, os impostos sobre os combustíveis amplificam um sinal que o mercado transmite de forma insuficiente: a necessidade de poupar energia por, nesta área, as flutuações do preço não conduzirem a uma situação de equilíbrio". SANCHES, J.L. Justiça Fiscal. Fundação Francisco Manuel dos Santos. Lisboa. 2010. Pg. 70-71.

278 Vide GLATZEL, Katrin; WRIGHT, Helena and MAKUCH, Zen. *Technology innovation and the Law – the Example of climate adaptation Technologies*. In MAKUCH, Karen E. e PEREIRA, Ricardo. *Environmental and Energy Law*. Wiley-Blackwell. 2012.

279 Vide INADOMI, Henrik M. *Independent power projects in developing countries: Legal investment protection and consequences for development*. Kluver Law International BV. Alphen aan den Rijn. 2010.

280 Vide CAMERON, Peter D. *International Energy Investiment Law: The pursuit of stability*. Orford University Press. Nova York. 2010.

281 EUROPEAN UNION. *European Energy Charter*. 1997.

282 Acordo semelhante foi o Energy Charter Treaty. Holanda. 1991. Vide COOP, Graham e RIBEIRO, Clarisse. *Investment protection and the energy charter treaty*. JurisNet. Nova York. 2008.

De tal maneira, fomentar a utilização e produção de energias renováveis[283], como a energia eólica[284] e os biocombustíveis[285], no lugar dos combustíveis fósseis, é um meio promissor de diminuir o impacto negativo que o consumo energético traz ao meio ambiente. As energias renováveis não emitem dióxido de carbono diretamente na atmosfera, razão pela qual diversos governos estabeleceram metas tentando reduzir as emissões de gases tóxicos por meio do aumento da utilização de fontes energéticas menos poluentes. Ressalta-se, todavia, que países como a Alemanha estão abandonando a utilização da energia nuclear em virtude dos riscos de catástrofes de grandes proporções que o uso desse tipo de energia acarreta.[286]

No mesmo sentido, o Protocolo de Kyoto, em seu artigo 2°, previu que os países signatários deveriam implementar e/ou elaborar políticas ou medidas de acordo com suas circunstâncias nacionais. Essas medidas se dão no âmbito de pesquisa, promoção e desenvolvimento para o aumento do uso de energias renováveis e também de tecnologias que retiram o dióxido de carbono da atmosfera e de tecnologias avançadas e inovadoras de preservação do meio ambiente.[287]

No entanto, apesar de ser um meio consideravelmente menos poluente que os combustíveis fósseis, as energias renováveis possuem custo bem mais elevado para sua produção. Isso ocorre em razão de alguns fatores, como o de que as energias renováveis estão sujeitas aos efeitos do clima e não são tão eficientes em termos de quantidade de energia produzida. Assim, incentivos a esse tipo de matriz energética, bem como para pesquisa e desenvolvimento de produção de energias menos poluentes e mais eficientes, são essenciais para que tais investimentos sejam viáveis. As energias renováveis são indispensáveis às nações que buscam alcançar resultados efetivos em termos de redução nas emissões de gases tóxicos para a atmosfera.[288]

[283] Vide BONASS, Matt e RUDD, Michael. *Renewables: A pratical handbook. Globe Business Publishing.* 2010.

[284] Vide ANKER, Helle Tegner; OLSEN, Birgitte Egelund e RONNE, Anita. *Legal Systems and Windy Energy.* Kluwer Law International. Alphen aan den Rijn. 2009.

[285] JULL, Charlotta; REDONDO, Patricia Carmona; MOSOTI, Vitor e VAPNEK, Jessica. *Recent trends in the law and policy of bioenergy production, promotion and use. Food and Agriculture Organization of the United Nations* (FAO). 2007.

[286] Vide PIELOW, Johann-Christian. *Sicherheit in der Energiewirtschaft.* Richard Boorberg Verlag. 2007.

[287] UNITED NATIONS. *Kyoto Protocol.* 1998.

[288] Vide GHIOLLARNATH, Carol. *Renewable Energy Tax Incentives and WTO Law: Irreconcilably Incompatible?* Wolf Legal Publishers. Nijmengen. 2011.

As reformas econômicas ocorridas a partir dos anos 90 optaram por um maior liberalismo econômico, pela privatização de empresas estatais, assim como a mudança cambial e a abertura da economia para a entrada de capital estrangeiro. Essas reformas orientaram os rumos da política industrial e de promoção da inovação, buscando atingir padrões internacionais de produtividade e qualidade. O fomento à competitividade e a existência de uma política de concorrência, por meio da instrumentalização de processos de abertura comercial e de políticas antitruste, também contribuíram para esse processo.[289] Dentre os instrumentos utilizados para alcançar esses objetivos estavam os incentivos fiscais, sobre os quais se destacam os previstos na Lei da Informática[290] e na Lei do Bem[291].

Com relação à Lei da Informática (Lei n. 8.248/91), esta previu incentivos fiscais, como isenção de IPI para produtos fabricados no Brasil, bem como a redução do Imposto de Renda Pessoa Jurídica referente a despesas com Pesquisa e Desenvolvimento (P&D) e na capitalização, para as empresas que seguissem algumas normas específicas. Para usufruir desses benefícios, deveria haver investimentos por parte delas de pelo menos 5% do faturamento em P&D. Essa lei passou por diversas alterações ao longo do tempo.

Os resultados foram positivos, tendo sido constatado que as empresas beneficiadas por essa lei, no período de 1998 a 2008, apresentaram um crescimento de cerca de quatro vezes no faturamento, passando de 13,2 bilhões de reais em 1998 para 49,2 bilhões em 2008.[292] Apesar de os investimentos em P&D não terem seguido essa mesma tendência, o que se constatou foi que as empresas que utilizaram os benefícios fiscais da Lei da Informática investiram muito mais do que as que não usufruíram deles. Isso mostra que houve êxito quanto ao alcance dos objetivos da referida lei.[293]

Já a Lei do Bem (11.196/2005), por meio de incentivos fiscais, permitiu alguns benefícios, tais como a dedução direta das despesas em Pesquisa e

[289] KANNEBLEY JR, Sergio e PORTO, Geciane. *Incentivos fiscais à pesquisa, desenvolvimento e inovação no Brasil: Uma avaliação da políticas recentes.* Banco Interamericano de Desenvolvimento. 2012. Pg. 4.

[290] BRASIL. Lei n° 8.248, de 23 de outubro de 1991.

[291] BRASIL. Lei n° 11.196, de 21 de novembro de 2005.

[292] KANNEBLEY JR, Sergio e PORTO, Geciane. *Incentivos fiscais à pesquisa, desenvolvimento e inovação no Brasil: Uma avaliação da políticas recentes.* Banco Interamericano de Desenvolvimento. 2012. Pg. 15.

[293] UNICAMP e CGEE. *Avaliação da lei de informática.* GEOPI/UNICAMP. 2011.

Desenvolvimento (P&D) do lucro das empresas, para fins de tributação. Para aquelas empresas optantes pelo regime tributário de apuração pelo lucro real, a lei apresentou resultados positivos, porém modestos, com um impacto médio de 7% a 11% no aumento do nível de investimento em pesquisa e desenvolvimento interno.[294]

Assim, os incentivos fiscais, quando bem utilizados, podem trazer excelentes resultados em prol de determinados objetivos. O incentivo à inovação, por exemplo, pode contribuir para maior sustentabilidade, desde que sejam realizados estudos prévios que analisem os impactos e possíveis consequências de qualquer nova medida a ser adotada.

Após a abordagem de algumas questões relevantes no que diz respeito à tributação, teorias da decisão e sustentabilidade, far-se-á análise dos principais vieses e heurísticas aplicados especificamente ao campo da tributação, tentando compreender possíveis influências que estes possam vir a ter no comportamento dos contribuintes.

3.7. Principais vieses e heurísticas relacionadas à tributação[295]

3.7.1. Aversão à perda

As pessoas, normalmente, são contrárias a mudanças mesmo quando tais mudanças implicarão melhoras na qualidade de vida em geral. Sociedades que tiveram políticas com um determinado foco (ex: forte regulação, baixa intervenção do Estado etc.) tendem a preferir continuar da mesma maneira, independentemente se as possíveis modificações serão benéficas.[296]

O viés da aversão à perda[297] é uma das principais questões que impedem a realização de uma reforma tributária profunda. Os governantes, principalmente na esfera federal, dificilmente estarão de acordo em abrir mão de

[294] KANNEBLEY JR, Sergio e PORTO, Geciane. *Incentivos fiscais à pesquisa, desenvolvimento e inovação no Brasil: Uma avaliação da políticas recentes.* Banco Interamericano de Desenvolvimento. 2012. Pg. 48.

[295] Sobre o tema ver EHRLICH, Sean. *Access points: an institutional theory of policy bias and policy complexity.* Oxford University Press. Oxford. 2011.

[296] ALESINA, Alberto e PASSARELI, Francesco. *Loss* aversion in politics. Harvard University. Cambridge, EUA. 2014. Pg. 23.

[297] Vide SAMUELSON, William e ZECKHAUSER, Richard. *Status quo bias in decision making.* Journal of Risk and Uncertainty. Vol. 1. 1988; MILKMAN, Katherin et al. *Policy bundling to overcome loss aversion: a method for improving legislative outcomes.* Working Paper 09-147. Harvard Business School. 2009; KAHNEMAN, Daniel. *Maps of bounded rationality: psychology for behavioral economics.* The American Economic Review. Vol. 93. 2003.

receitas, pois uma reforma tributária ideal passaria pela descentralização do poder econômico. Isso conferiria maior autonomia, em termos de verbas, aos Estados e Municípios. Assim, mesmo quando renúncias por parte da União impliquem consideráveis avanços em termos de desenvolvimento para o país, o referido viés acaba contribuindo negativamente para a ocorrência delas. Do mesmo modo, eventuais propostas de reformas tributárias que retirem poder decisório dos estados e municípios enfrentarão grande resistência por parte desses.

Da mesma forma, a aversão à perda impede, também, que ocorram mudanças concretas quanto ao foco da arrecadação tributária, passando dos impostos indiretos para os diretos. Como os impostos indiretos estão "disfarçados" no preço do produto, uma eventual desoneração dos mesmos não será facilmente percebida. Por isso, provavelmente, não trará a aprovação da medida ou a vontade de mudança pelos governantes. Já os impostos diretos, ao serem majorados, por estarem muito mais perceptíveis para os contribuintes, acabarão gerando desaprovação. Por conta da percepção, o sentimento de perda será muito maior.

Um fator observado, no entanto, é que quanto maior o número de pessoas jovens em uma sociedade, maior a propensão de que reformas tributárias ou políticas sejam aceitas. Apesar disso, verifica-se, também, que as diferentes faixas etárias da população possuem interesses distintos, almejando tributações que lhes sejam mais benéficas.[298]

3.7.2. Representatividade

Qualquer eventual modificação no sistema tributário, em razão do viés da representatividade[299], poderá causar aversão por parte da população. Essa aversão ocorre porque já foi estabelecida a pré-compreensão de que sempre que o governo realiza uma mudança com relação aos tributos, é visando um benefício próprio, como aumento de arrecadação etc, e não a melhora para os cidadãos. Isso pode ser mais uma dificuldade na implementação das medidas sugeridas.

[298] Alesina, Alberto e Passareli, Francesco. *Loss* aversion *in politics.* Harvard University. Cambridge, EUA. 2014. Pg. 24.

[299] Vide Tenenbaum, Joshua e Griffiths, Thomas. *The rational basis of representativeness.* Stanford University. San José. 2001; Sunstein, Cass. *Hazardous Heuristics.* John M. Olin Law & Economics Working Paper n. 165. 2002; Sunstein, Cass. *Behavioral Analysis of Law.* Program in Law and Economics Working Paper n. 46. 1997.

Nesse sentido, na pesquisa Índice de Confiança na Justiça, elaborada pela Fundação Getúlio Vargas, constatou-se que apenas 5% da população entrevistada confia nos partidos políticos.[300] Já o levantamento realizado pela Associação dos Magistrados Brasileiros mostrou que 83,1% dos brasileiros não confiam na Câmara dos Deputados e 80,7% não confiam no Senado.[301] Em pesquisa realizada pela ONG Transparência Internacional, constatou-se que 81% dos brasileiros consideram os partidos políticos do país corruptos ou muito corruptos e 72% classificaram o Congresso Nacional da mesma forma.[302]

Assim, conclui-se que 4 em cada 5 brasileiros consideram os políticos desonestos. De tal maneira, eventuais reformas tributárias que venham a ser realizadas, mesmo que benéficas aos cidadãos, tendem a ser vistas com desconfiança pela população, em decorrência da imagem que eles possuem daqueles que elaboram as leis e políticas públicas.

Nesse caso, o viés da representatividade acaba dificultando a realização de reformas no sistema tributário, pois, em decorrência dele, parte-se do princípio que as mudanças serão sempre em desfavor do povo e em benefício dos governantes, mesmo que isso nem sempre corresponda à verdade.

3.7.3. Otimismo e confiança excessiva

Os responsáveis pelas políticas públicas[303], muitas vezes, mesmo com as melhores intenções, utilizam-se das políticas tributárias com finalidade extrafiscal de maneira descriteriosa. Não realizam estudos dos impactos a médio e longo prazo – dentre outros fatores, em razão da confiança e do otimismo excessivo – superestimando suas capacidades de gestão e, assim, não adotam as precauções necessárias para a melhor aplicação e maior eficácia, agravando ainda mais o quadro de insustentabilidade atual.

Além disso, há diversas razões que impedem que políticas públicas, dentre elas os incentivos tributários, alcancem seus objetivos. Pode-se citar a má gestão dos projetos, bem como o impacto de causas externas, sobre as

[300] Disponível em http://fgvnoticias.fgv.br/pt-br/noticia/pesquisa-do-icjbrasil-avalia-confianca-nas-instituicoes-do-estado

[301] Disponível em http://www.amb.com.br/index.asp?secao=mostranoticia&mat_id=10446

[302] Disponível em http://www.transparency.org/whatwedo/publication/indice_de_perception_de_la_corruption_2010.

[303] Vide OFFICE OF FAIR TRADING OF UK. *Completing competition assessment in impact assessments.: Guide for policy makers.* United Kingdom Government. 2007.

quais não há controle. Esses fatores, no entanto, são agravados em decorrência do otimismo excessivo, podendo levar ao aumento dos custos e à diminuição da eficácia dessas políticas.[304]

No mesmo sentido, em relatório elaborado pelo Departamento Nacional de Auditoria do Reino Unido[305], foram elencados alguns fatores prejudiciais que decorrem do otimismo excessivo e contribuem de forma negativa para a elaboração das políticas públicas. Dentre eles, destacam-se:

- Falhas do governo em corrigir deficiências no planejamento – as medidas são implementadas mesmo quando há falhas visíveis que poderão prejudicar os resultados;
- Complexidade – apesar de se tratarem de medidas envolvendo grandes valores e que terão forte impacto na sociedade e na economia, falta qualificação dos responsáveis por suas elaborações, impedindo que elas possuam o grau de aprimoramento necessário para alcançarem seus objetivos. Além disso, mesmo possuindo elevada complexidade, são tratadas como se fossem triviais, subestimando questões relevantes e agindo sem saber ao certo quais implicações terão;
- Falta de estudos realizados por órgãos e empresas externas especializadas que viabilizem melhor compreensão a respeito dos reais riscos envolvidos, bem como a mitigação das incertezas na implementação das políticas tributárias.

Boas decisões, incluindo as que envolvem as políticas tributárias, são tomadas quando se possui informações precisas sobre os custos, prazos, riscos e benefícios a respeito do que se está decidindo. Assim, o otimismo excessivo acaba persistindo quando não estão presentes tais requisitos, pois, nesses casos, as escolhas serão realizadas sem haver o conhecimento real de seus possíveis riscos e consequências. Dá-se margem, dessa maneira, à criação de falsos cenários, passíveis de levar os administradores públicos a acreditarem que as chances de alcançarem seus objetivos são maiores do que realmente são.[306]

Apesar disso, um instrumento eficaz para combater o viés do otimismo excessivo na implementação de políticas tributárias é a interação do poder

[304] Vide HARRISON, Mark. *Valuing the future: the social discount rate in cost-benefit analysis.* Australian Government Productivity Commission. 2010.

[305] NATIONAL AUDIT OFFICE. *Over-optimism in government projects.* 2013. Reino Unido. Pg. 5.

[306] NATIONAL AUDIT OFFICE. *Over-optimism in government projects.* 2013. Reino Unido. Pg. 7.

público com organizações e centros de pesquisa. Dessa maneira, tais organizações podem auxiliar na realização de análises e obtenção de informações sobre os possíveis custos, danos e probabilidade de sucesso na aplicação das referidas medidas.[307]

3.7.4. Disponibilidade[308]

Dependendo de como determinado tributo for percebido pelos contribuintes, suas reações serão diversas. No caso dos impostos indiretos, apesar de serem prejudiciais em termos de justiça fiscal – porque as alíquotas aplicadas para pessoas com diferentes capacidades econômicas são as mesmas – os contribuintes acabam não reagindo contrariamente a eles como deveriam. Isso se deve ao fato de que esses impostos não são percebidos de maneira significativa, pois integram o preço dos produtos. De tal maneira, mesmo aqueles com menor poder econômico, que são os maiores prejudicados, acabam sendo indiferentes. Por esse motivo, caso seja realizada a desoneração dos tributos incidentes no consumo, provavelmente não será notada e não terá o reconhecimento devido, apesar de ser um avanço importantíssimo rumo ao amadurecimento do sistema tributário.

Logo, se ocorrerem mudanças significativas no foco de arrecadação, passando dos impostos indiretos para os diretos, em decorrência do viés da disponibilidade, os benefícios decorrentes delas muito provavelmente passarão despercebidos, pois os tributos sobre o consumo, por estarem "ocultos" no preço final das mercadorias, acabariam servindo como mais um complicador para avanços e mudanças no sistema tributário brasileiro, visto que o custo político das reformas seriam muito altos.

3.7.5. Miopia temporal

As políticas tributárias, assim como a maior parte das políticas públicas em geral, são desenvolvidas de forma míope. Devido a alguns motivos, dentre os quais os eleitorais, elas acabam focando apenas nos resultados de curto prazo e deixam de lado os impactos que podem ser causados no médio e longo prazo. Essa falha acaba contribuindo para a insustentabilidade do

[307] NATIONAL AUDIT OFFICE. *Over-optimism in government projects.* 2013. Reino Unido. Pg. 8.

[308] Vide SUNSTEIN, Cass. *The availability heuristic intuitive cost-benefit analysis, and climate change.* John M. Olin. Program in Law and Economics Working Paper n. 263. 2005 e SUNSTEIN, Cass e KURAN, T. *Availability cascades and risk regulation.* Stanford Law Review. Vol. 51. 1999.

sistema, ocasionando danos severos ao meio ambiente e à população, tanto em decorrência dos fatores relacionados à poluição, quanto dos próprios efeitos econômicos dessas medidas.[309]

Nesse sentido, um dos maiores problemas diz respeito aos incentivos fiscais, que ocorrem de maneira descriteriosa ou com base em critérios de caráter duvidoso, tais como o lobby exercido por alguns setores específicos do mercado.[310] As renúncias fiscais relativas ao ano de 2023 correspondem a 456 bilhões.

Da mesma maneira, um dos exemplos mais recentes de política tributária sem planejamento de longo prazo foi o da redução do Imposto sobre Produtos Industrializados (Decreto 7.725/12) e do Imposto sobre Operações Financeiras (Decreto 7.726/12) para a indústria automobilística, visando estimular esse setor e o crescimento do Produto Interno Bruto.

Todavia, apesar de ter contribuído de modo extremamente prejudicial tanto para o aumento dos problemas de mobilidade urbana como para os ambientais, o impacto na economia foi baixo, gerando aumento de apenas 0,02% ao ano no Produto Interno Bruto.[311]

Talvez se o Brasil possuísse melhor ambiente de negócios, com menor burocracia e complexidade, aliadas à segurança jurídica, não seriam necessários tantos incentivos fiscais para atrair empresas para o país.

Uma das causas para o baixo desempenho pode ser explicada pelo fato de que, quando determinado setor é estimulado, poderá ocorrer o desestímulo de outro. Ao adquirir um produto abrangido pelos incentivos fiscais, a pessoa, naturalmente, deixa de adquirir um produto livre de tais incentivos, visto que o orçamento da maior parte da população é limitado. Dessa forma, o possível efeito positivo que a desoneração de determinado setor poderia ter, acaba sendo neutralizado.

Sendo assim, em razão da falta de planejamento e de estudos prévios necessários para a implementação dos incentivos fiscais – incentivos que foram utilizados sem considerar os impactos negativos no médio e longo

309 Vide THE OXFORD MARTIN SCHOOL COMMISSION SECRETARIAT. *Now for the long term: The report of the Oxford Martin Commission for future generations.* University of Oxford. Oxford. 2013.

310 GOLDIN, Ian e LAMY, Pascal. Overcoming Short-Termism: A pathway for global progress. The Washington Quarterly. Washington. 2014.

311 Conforme estudo realizado por Alexandre Porsse e Felipe Madruga, da Universidade Federal do Paraná, em 2014, sobre o impacto da redução do IPI no mercado automobilístico.

– pode-se afirmar que, em uma análise de custo/benefício, tais medidas não compensaram e ainda contribuíram para o agravamento do quadro de insustentabilidade atual.

Do mesmo modo, outro caso mal sucedido foi o dos incentivos fiscais concedidos para a construção de estádios para a Copa do Mundo de 2014. Somente para um estádio construído na cidade de São Paulo houve, por parte da União Federal, renúncia fiscal de cerca de 91 milhões de reais, totalizando o montante de quase 600 milhões de reais que saíram dos cofres públicos para a construção desse único estabelecimento, recursos que poderiam ser aplicados em áreas de maior relevância.

Ainda, com relação às empresas, constatou-se que as maiores e mais sofisticadas tendem a se preocupar mais com os tributos incidentes na sua atividade e realizar planejamentos tributários de longo e médio prazo para mitigar os riscos e impactos negativos futuros.[312]

Nesse sentido, estudos realizados pelo Departamento de Governo da Universidade de Harvard[313] elencaram alguns fatores que contribuem para a adoção de medidas afetadas pelo viés da preferência pelo presente, dentre os quais destacam-se dois:

- Há uma tendência natural nos seres humanos pela preferência do imediatismo frente a algo que virá somente no futuro. Os líderes políticos, por se tratarem de pessoas comuns, estão sujeitos a esse mesmo viés, resultando na elaboração de leis e medidas influenciadas por esse fator;
- Os governantes exercem seus poderes por um período limitado de tempo. Assim, buscam implementar medidas nas quais os resultados apareçam ainda durante sua gestão. Para não correrem o risco de não terem seus méritos reconhecidos, optam por políticas de curto prazo;

Sabendo desses fatores, para um país que almeje se desenvolver economicamente de modo sustentável, é essencial buscar maneiras de fazer com que as políticas tributárias sejam elaboradas com base em estudos sobre

[312] GRAHAN, John et al. *Tax rates and corporate decision making*. INSEAD. Fontainebleau. 2014. Pg. 4.

[313] THOMPSON, Dennis. R*epresenting future generations: political presentism and democratic trusteesship*. Critical Review of International and Political Philosophy. Cambridge. EUA. 2010. Pg. 3-4.

os impactos no médio e longo prazo. As políticas que levam em consideração os impactos futuros são as que proporcionam melhores resultados tanto para a sociedade[314] como para a economia, sendo capazes de trazer maiores benefícios também para as futuras gerações, tais como infraestrutura, educação, inovação e pesquisas.[315]

3.7.6. *Status quo*

Se ocorresse, de fato, mudança no foco de tributação, qual seja, visar arrecadação por meio dos impostos diretos, tributando de forma um pouco mais incisiva da renda, o patrimônio e a herança, é provável que haveria aversão muito grande por parte dos mais atingidos, sobretudo em um país como o Brasil, onde os recursos arrecadados são utilizados frequentemente para fins não republicanos. Além da aversão à perda, manifestar-se-ia o instinto de manutenção do *status quo* de maneira notável, pois dificilmente alguém ficará satisfeito ao ver a tributação sendo mais gravosa, mesmo que ocorra desoneração dos tributos incidentes sobre o consumo e que eles afetem sua capacidade econômica da mesma maneira.

Para Piketty, a tributação progressiva incidente sobre o capital é mais adequada no século XXI do que a tributação progressiva que incide sobre a renda, elaborada para o século XX.[316] No entanto, uma análise da situação no Brasil permite chegar à seguinte conclusão: não há como implementar aumento da carga tributária, que já é excessiva, em grande parte em razão da má gestão do dinheiro público e do alto grau de corrupção presente. Desse modo, para que se possa cogitar uma readequação do atual modelo, primeiramente tais questões teriam de ser resolvidas, sob pena desse aumento acabar servindo apenas para financiar a incompetência e o ilícito.

Políticas de redistribuição de renda são um meio eficiente de compensar a distorção tributária responsável por punir aqueles de menor capacidade econômica. Essas políticas devolvem, mesmo que de forma não integral, os impostos indiretos pagos em demasia por eles, tendo semelhança com o imposto de renda negativo, defendido pelo liberal ganhador do prêmio Nobel de economia, Milton Friedman, em sua obra *"Capitalism and*

[314] GRUEN, David e SPENDER, Duncan. A decade of intergenerational reports: Contributing to Long Term Fiscal Sustainability. Intergen+10 Workshop. Camberra. 2012.

[315] WORKING GROUP ON LONG-TERM FINANCE.. *Long-term finance and Economic Growth*. Group of Thirty. Washington. 2013. Pg.22.

[316] PIKETTY, Thomas. *Le capital au XXI Siècle*. Le Seuil. Paris. 2013. Pg. 427.

Freedom". Friedman afirmou que o governo deveria, por meio de programas de combate à pobreza, garantir que todos tivessem o mínimo necessário para uma vida digna[317]. Para isso, quem tivesse uma renda menor que determinado valor estabelecido como o mínimo necessário, deveria receber verbas do governo para complementá-la.[318]

No mesmo sentido, Friedrich Hayek, outro grande pensador liberal ganhador do prêmio Nobel de economia, também defendeu, em sua principal obra, chamada "*The Road to Serfdom*", que, em uma sociedade que atingiu um nível geral de riqueza, é dever garantir que todos tenham acesso a alimentação, roupas e habitação, pois sem isso não há como ser realmente livre.[319]

Todavia, os programas assistencialistas devem ser apenas um detalhe no combate à pobreza e à desigualdade social. Juntamente com eles, é essencial que seja proporcionado a todos oportunidades para o aprimoramento e crescimento profissional, a fim de que possam trilhar seus próprios caminhos e deixem de depender do governo para sua subsistência.[320]

Além disso, existem outros meios que podem ser de grande importância para uma maior igualdade[321] entre os cidadãos: os investimentos e incentivos, incluindo os tributários, para áreas que beneficiarão a todos, tais como saúde, educação e saneamento, de maneira a proporcionar a universalização do acesso a esses serviços a toda a população.[322]

Esses incentivos e investimentos, no entanto, assim como os direitos fundamentais[323], necessitam dos tributos para financiá-los.[324] Todavia,

[317] Sobre o mínimo existencial e direitos fundamentais vide SARLET, Ingo Wolfgang. *Dignidade (da pessoa) humana, mínimo existencial e justiça constitucional: algumas aproximações e alguns desafios.* Revista do CEJUR/TJSC (1). Florianópolis, 2013 e TORRES, Ricardo Lobo. *O minimo existencial e os direitos fundamentais.* Revista de Direito da Procuradoria Geral do Rio de Janeiro (42). Rio de Janeiro, 1990.

[318] FRIEDMAN, Milton. *Capitalism and Freedom.* The University of Chicago Press. Chicago. 1982. Pg. 158.

[319] HAYEK, Friedrich. *The Road to Serfdom.* Routledge. Nova York. 2006. Pg. 124-25.

[320] Sobre o tema ver UNGER. Roberto Mangabeira. *Free Trade Reimagined.* Princeton University Press. 2007; UNGER, Roberto Mangabeira. *O Direito e o Futuro da Democracia.* Boitempo Editorial. São Paulo. 2004.

[321] Para um debate profundo acerca da igualdade em matéria tributária vide ÁVILA, Humberto. Teoria da Igualdade Tributária. 3ª ed. São Paulo: Editora Saraiva, 2015.

[322] PIKETTY, Thomas. *Le capital au XXI Siècle.* Le Seuil. Paris. 2013. Pg. 432.

[323] NABAIS. José Casalta. *O dever fundamental de pagar impostos.* Almedina. Coimbra. 2009.

[324] SUNSTEIN, Cass. e HOLMES, Stephen. The cost of rights: *Why liberty depends on taxes.* W.W. Norton & Company. Nova York. 2013.

o foco principal deve ser não no aumento da carga tributária, mas sim, como já defendemos na obra "Constituição Econômica e Produtividade", na busca pelo aumento da produtividade nacional. O aumento da produtividade econômica significa gerar mais riqueza com a mesma quantidade de determinado fator. Essa maior riqueza, consequentemente, acarretará em maior arrecadação para os cofres públicos, mesmo sem aumento da carga tributária.

Não obstante tais fatos, o viés do *status quo* age também como um complicador em relação à realização de uma reforma tributária profunda, visto que o governo, na esfera federal, tem grandes dificuldades em abrir mão de arrecadação para dar maior autonomia aos estados e municípios e os municípios e estados dificilmente irão abrir mão de poder de tributar e de suas autonomias. Tais reformas, no entanto, poderiam ser de extrema importância para estimular o desenvolvimento do país.

Como visto, inegável a contribuição do estudo das heurísticas e vieses para diversas áreas, dentre as quais a tributária, pois tais tendências influenciam fortemente na tomada de decisão e na maneira como os indivíduos irão reagir às circunstâncias. Por isso tamanha importância no aprofundamento desses estudos para o aprimoramento da sociedade como um todo.

Após a realização da análise acerca da relação entre as teorias da decisão, o direito tributário e a sustentabilidade, passa-se às conclusões, onde serão estabelecidas, a partir dos estudos realizados, algumas diretrizes em prol da sustentabilidade.

CONCLUSÕES

No presente trabalho, foram abordadas as principais teorias a respeito da tomada de decisão, iniciando pelos estudos realizados por Herbert Simon e avançando para outras correntes de pensamento, tais como as defendidas pela Análise Econômica do Direito e pela Análise Comportamental do Direito e Economia. Essas teorias, apesar de algumas divergências entre si, são complementares, pois trazem elementos que podem ser utilizados para facilitar a compreensão a respeito de como as decisões ocorrem e, com isso, obter uma maior eficácia – não só com relação às políticas tributárias, mas também na elaboração de leis e políticas públicas em geral.

Após, foi tratado especificamente a respeito da Análise Comportamental do Direito e Economia, demonstrando suas principais ideias, além dos argumentos favoráveis e contrários a ela. Com tal exposição, acredita-se ter sido possível esclarecer os aspectos mais relevantes a respeito do tema, passando, então, para uma abordagem da sustentabilidade fiscal, econômica, social e ambiental com relação ao Direito Tributário e às teorias da decisão.

Com relação ao comportamento humano, o que se pode concluir é que os seres humanos, na maior parte do tempo, agem baseados em automatismos e instintos, não se diferenciando tanto com relação aos animais ditos irracionais. No entanto, enquanto os demais animais necessitam de uma influência externa para ensiná-los a controlar seus instintos e automatismos, os seres humanos possuem a capacidade de moldar e condicionar o seu próprio comportamento, aperfeiçoando, assim, suas tomadas de decisão. Por exemplo: quando decidem, os indivíduos naturalmente possuem a tendência de optar por aquelas escolhas que trarão resultados a curto prazo, buscando a recompensa, se possível, imediata. Da mesma maneira são fortemente influenciados pelo ambiente, a todo momento, sem perceberem.

Todavia, a racionalidade humana consiste em seu poder adaptativo às diversas situações, o que tornou possível o avanço da civilização, pois são capazes de controlar seus impulsos durante a tomada de decisão, por meio, dentre outras formas, do hábito, como há mais de 2 mil anos já era dito por Aristóteles, quando afirmava que era através do hábito que eram desenvolvidas as virtudes.

Assim, as heurísticas, que são esse "sistema operacional" de tomadas de decisão do ser humano, faz com que sejam, de modo automático, utilizados dados, cálculos, probabilidades, a todo momento, propiciando que as escolhas sejam feitas.

O que se deve levar em conta, no entanto, é que as vezes essas tendências no comportamento humano podem prejudicar e iludir quando estão decidindo. Com isso, quanto mais conhecimento houver a respeito das tendências passíveis de prejudicar as escolhas, mais fácil será de prevenir que elas afetem negativamente o comportamento dos indivíduos, inclusive no que diz respeito à elaboração de políticas públicas, dentre elas as tributárias.

De tal forma, o sistema tributário, bem como as políticas tributárias em geral, refletem bem tais tendências no comportamento humano. No *trade--off* entre sustentabilidade e políticas eleitoreiras de curto prazo, quase sempre as políticas de curto prazo prevalecem. Em razão disso, são necessárias mudanças extremas na atual maneira de elaborar leis e políticas públicas. É preciso que sejam realizados estudos profundos nos impactos que essas medidas terão no médio e longo prazo, tanto no campo da economia, como no social e no ambiental. A maneira de governar não pode ocorrer de modo amador, como ocorre atualmente.

Conforme se pode perceber, diferentemente do que muitos acreditam, a questão da sustentabilidade não está relacionada somente ao Direito Ambiental, mas também às mais diversas áreas, como Economia, Direito e políticas públicas em geral.

Desse modo, compreender as teorias sobre a tomada de decisão possibilita prever como os seres humanos irão reagir a determinadas situações específicas. Tais teorias consistem em um dos instrumentos mais úteis para nortear as políticas tributárias, principalmente com relação às normas indutoras, pois permite conferir maior eficácia a elas, facilitando o alcance dos objetivos almejados.

Além do mais, a insustentabilidade estrutural presente no país precisa ser enfrentada de maneira enérgica. É necessário, para isso, a criação de uma teoria da extrafiscalidade que se baseie na ideia de vincular tributos a uma política de fomento e à realização de uma análise jurídica científica e empírica que verifique os propósitos e consequências. Ressalta-se, no entanto, que talvez a melhor medida a ser adotada seja não a criação de novas espécies tributárias com fins ambientais, mas sim a adequação do atual sistema, incluindo os tributos já existentes, às finalidades em prol da sustentabilidade.

Assim, as teorias a respeito da tomada de decisão, dentre as quais se destaca a Análise Comportamental do Direito e Economia, podem servir como um excelente instrumento auxiliar na elaboração dessas medidas. As políticas públicas e leis exercem forte influência no comportamento dos cidadãos, portanto, é necessário o aprofundamento do conhecimento a respeito, a fim de torná-las mais eficazes.

Os estudos realizados pela Análise Comportamental do Direito e Economia possibilitam, também, elencar algumas das chamadas "falhas comportamentais", que consistem em determinadas tendências específicas dos seres humanos quando decidem e que podem prejudicar a melhor escolha.

Destarte, é possível estabelecer, de maneira não taxativa, algumas diretrizes necessárias para que se possa avançar em termos de sustentabilidade fiscal, econômica, social e ambiental, quais sejam:

- foco não no aumento da carga tributária, que já é extremamente elevada no país, mas na busca pelo aumento da produtividade econômica, que acarretará em aumento da riqueza gerada com a mesma quantidade de determinado insumo (trabalho, por exemplo) e, como consequência, possibilitará aumento da arrecadação sem aumento da carga tributária;
- revisão das políticas de renúncias fiscais;
- revisão dos fundamentos do sistema tributário nacional, desonerando a tributação incidente sobre o consumo. Com isso, aumenta-se o grau de observância aos princípios constitucionais, de forma a proporcionar maior justiça fiscal e estímulo à competitividade da indústria brasileira;
- revisão da teoria da imposição tributária[325], tratando com maior relevância das questões relacionadas à extrafiscalidade, aplicando,

[325] Sobre o tema, bem como sobre a justificativa do uso do termo vide MARTINS, Ives Gandra da Silva. Teoria da Imposição Tributária. 2ª ed. São Paulo: Editora LTr, 1998.

para isso, os estudos a respeito das tomadas de decisão, de maneira a dar maior eficácia a elas;
- as políticas tributárias devem ser pensadas como políticas de um Estado indutor e constitucional, contribuindo para o fomento a novas tecnologias, pesquisas e energias renováveis, bem como para a alteração dos modos de produção e de consumo. Abandona-se, assim, o viés da miopia temporal e adota-se políticas que venham trazer resultados consistentes no futuro.

Com efeito, conclui-se serem necessárias grandes mudanças, tanto na maneira de realizar as políticas públicas em geral como no sistema tributário brasileiro, visto que diversas questões de extrema relevância não são tratadas com o cuidado que deveriam, como, por exemplo, a realização dos estudos necessários que analisem os reais impactos e riscos das medidas a serem adotadas. Percebe-se que, frequentemente, opta-se por aquelas escolhas que trarão resultados a curto prazo, desconsiderando as consequências futuras e agravando ainda mais o quadro de insustentabilidade atual. Por tal razão, deve-se levar em conta as teorias a respeito das tomadas de decisão, pois estas permitem compreender de forma concreta como os seres humanos se comportam, bem como suas falhas comportamentais, possibilitando, assim, que tais falhas sejam evitadas, contribuindo para a modernização da maneira de agir do Estado, aumentando a eficácia de suas medidas e tornando-as, deste modo, mais sustentáveis e consonantes com as garantias constitucionais.

REFERÊNCIAS

ALESINA, Alberto e PASSARELI, Francesco. *Loss* aversion in politics. Harvard University. Cambridge, EUA. 2014.

ALVES, Henrique Napoleão. Tributação e Injustiça Social no Brasil. Revista Espaço Acadêmico. nº 133. 2012.

AMARAL, Gilberto Luiz do Et al. Dias trabalhados para pagar tributos – 2014. Instituto Brasileiro de Planejamento Tributário. 2014.

AMARAL, Gilberto Luiz do. Et al. *Quantidade de Normas editadas no Brasil: 25 anos da Constituição Federal de 1988*. São Paulo: IBPT, 2013.

ANDRADE, José Maria Arruda de. *Hermenêutica da Ordem Econômica e Constitucional e o Aspecto Constitutivo da Concretização Constitucional*. Revista Fórum de Direito Financeiro e Econômico, v. 1, p. 249-268, 2012.

ANKER, Helle Tegner; OLSEN, Birgitte Egelund e RONNE, Anita. *Legal Systems and Windy Energy*. Kluwer Law International. Alphen aan den Rijn. 2009.

ARMOUR, David, and TAYLOR, Shelley. *When Predictions Fail: The Dilemma of Unrealistic Optimism*. In *Heuristics and Biases: The Psychology of Intuitive Judgment*, edited by Thomas Gilovich, Dale Griffin, and Daniel Kahneman. Cambridge University Press. Nova York. 2002.

ASCH, Solomon. *Opinions and Social Pressure. Scientific American* Vol. 193. 1955.

ASSOCIAÇÃO BRASILEIRA DE DIREITO TRIBUTÁRIO. Carta de Belo Horizonte. Belo Horizonte. 2014.

ÁVILA, Humberto. Sistema Constitucional Tributário. 5ª ed. São Paulo: Editora Saraiva, 2012.

ÁVILA, Humberto. Teoria da Igualdade Tributária. 3ª ed. São Paulo: Editora Saraiva, 2015

ÁVILA, Humberto. Teoria da Segurança Jurídica. 3ª ed. São Paulo: Malheiros, 2014.

BABCOCK, Linda; LOEWENSTEIN, George; ISSACHAROFF, Samuel, e CAMERER, Colin. *Biased Judgments of Fairness in Bargaining*. American Economic Review 85. 1995.

BABCOCK, Linda; LOEWENSTEIN, George; ISSACHAROFF, Samuel. *Creating Convergence: Debiasing Biased Litigants*. Law and Social Inquiry. Vol. 22. 1997.

BANCO CENTRAL DO BRASIL. Resolução nº 4.327, de 25 de abril de 2014.

BANCO MUNDIAL. Doing business subnacional Brasil 2021. World Bank Group, 2021.

BAR-GILL, Oren. *Seduction by Contract: Law, Economics and Psychology in Consumer Markets*. Oxford University Press. Oxford. 2012.

BARON, Robert S., VANDELLO Joseph A., and BRUNSMAN, Bethany. *The Forgotten Variable in Conformity Research: Impact of Task Importance on Social Influence.* Journal of Personality and Social Psychology *Vol.* 71. 1996.

BAUMOL, William. *On Taxation and the Control of Externalities.* American Economic Review. Vol. 62. 1972.

BEILOCK, S.L.; CARR, C. MacMahon e STARKES, J.L. *When Paying Attention Becomes Counterproductive: Impact of Divided Versus Skill-Focused Attention On Novice and Experienced Performance of Sensorimotor Skills.* J. Exp. Psychol. Appl. Vol. 8. 2002.

BENHABIB, Alberto Bisin e SCHOTTER, Andrew. *Present Bias, Quasi-Hyperbolic Discounting, and Fixed Costs.* Games and Economics Behavior. Vol. 205. 2010.

BERCOVICI, Gilberto. *A Constituição Brasileira de 1988, as 'Constituições Transformadoras' e o 'Novo Constitucionalismo Latino-Americano'.* Revista Brasileira de Estudos Constitucionais, v. 26, p. 285-305, 2013.

BERCOVICI, Gilberto. *Estado Intervencionista e Constituição Social no Brasil: O Silêncio Ensurdecedor de um Diálogo entre Ausentes.* In: Cláudio Pereira de Souza Neto; Daniel Sarmento; Gustavo Binenbojm. (Org.). *Vinte Anos da Constituição Federal de 1988.* Rio de Janeiro: Lumen Juris, 2009.

BONASS, Matt e RUDD, Michael. *Renewables: A pratical handbook. Globe Business Publishing.* Londres. 2010.

BORDALO, Pedro; GENNAIOLI e SHLEIFER, Andrei. *Salience Theory of Choice Under Risk.* The Quarterly Journal of Economics. Vol. 127. 2012.

BRASIL. *Indicadores de Equidade do Sistema Tributário Nacional.* Presidência da República. 2009

BRASIL. Lei nº 6.938, de 31 de agosto de 1981.

BRASIL. Lei n° 8.248, de 23 de outubro de 1991.

BRASIL. Lei n° 11.196, de 21 de novembro de 2005.

BRASIL. Lei nº 12.305, de 2 de agosto de 2010

BRASIL. Lei nº 12.462, de 4 de agosto de 2011.

BRASIL. Lei n° 12.529, de 30 de novembro de 2011.

BRASIL. Lei nº 12.741, de 8 de dezembro de 2012.

BRASIL. Lei Complementar n° 123, de 14 de dezembro de 2006.

BREYER, Stephen. *Making our democracy work: a judge's view.* Alfred A. Knopf. Nova York. 2010.

BROCK, Dan. *Paternalism and Autonomy.* Ethics Vol. 98. 1988.

BRUDNEY, Victor. *The Independent Director – Heavenly City or Potemkin Village?* Harvard Law Review. Cambridge, EUA. 1982.

BUCHANAN, James e TULLOCK, Gordon. *The Calculus of Consent.* University of Michigan Press. Ann Arbot. 1962.

CABINET OFFICE – Behavioral Insights Team. *Applying behavioural insights to reduce fraud, error and debt.* Reino Unido, 2012.

CALIENDO, Paulo. *Direito Tributário e Análise Econômica do Direito.* Elsevier. Rio de Janeiro. 2009.

CALIENDO, Paulo. *Extrafiscalidade ambiental: Instrumento de proteção ao meio ambiente equilibrado.* In BASSO, Ana Paula et al. Direito e Desenvolvimento Sustentável. Juruá Editora. Curitiba. 2013.

CALIENDO, Paulo. *Três Modos de Pensar a Tributação: Elementos para uma teoria sistemática do Direito Tributário.* Livraria do Advogado. Porto Alegre. 2009.

CAMERON, Peter D. *International Energy Investiment Law: The pursuit of stability*. Orford University Press. Nova York. 2010.

CARVALHO, Cristiano. *Teoria da Decisão Tributária*. Saraiva. São Paulo. 2013.

CARVALHO, Paulo de Barros. *Direito Tributário: fundamentos jurídicos da incidência*. 9ª ed. São Paulo: Saraiva, 2012.

CAVALCANTE, Denise Lucena (Org.). *Tributação Ambiental: Reflexos na Política Nacional de Resíduos Sólidos*. CRV. Curitiba. 2014.

CAVALCANTE, Denise Lucena (Org.); BALTHAZAR, Ubaldo César (Org.). *Estudos de Tributação Ambiental*. Fundação Boiteaux. Florianópolis. 2010.

CAVALCANTE, Denise Lucena. Os reflexos da tributação ambiental na política nacional de resíduos sólidos no Brasil. Revista Direito à Sustentabilidade. Unioeste. Vol. 1. nº 1. Cascavél. 2014.

CAVALCANTE, Denise Lucena. *Tributação ambiental no Brasil*. In QUEIROZ, Mary Elbe. *Tributação em foco: a opinião de quem pensa, faz e aplica o Direito Tributário*. IPET-Focofiscal. Recife. 2013.

CHABRIS, Christopher e SIMONS, Daniel. *The Invisible Gorilla: And Other Ways Our Intuitions Deceive Us*. Crown Publishing. Nova York. 2010.

CHEN, Ron e HANSON, Jon. *Categorically Biased: The Influence of Knowledge Structures on Law and Legal Theory*. U.S. California Law Review 1103. 2004.

CONDEFERAÇÃO NACIONAL DA INDÚSTRIA. *A indústria e o Brasil: Uma agenda para crescer mais e melhor*. Brasília. 2010.

CONFEDERAÇÃO NACIONAL DA INDÚSTRIA. *Sondagem sobre burocracia: Indústria Brasileira sobre com a burocracia excessiva*. Brasília. 2010.

CONGDON, William; KLING, Jeffrey R. e MULLAINATHAN, Sendhil. *Behavioral Economics and Tax Policy*. National Tax Journal (62). Washington D.C. 2009.

CONLY, Sarah. *Against Autonomy: Justifying Coercitive Paternalism*. Cambridge University Press. Cambridge. UK. 2012.

COOK, Karen e LEVI, Margaret. *The Limits of Rationality*. University of Chicago Press. Chicago. 1990.

COONS, Christian e WEBER, Michael. *Paternalism: Theory and Practice*. Cambridge University Press. Cambridge. UK. 2013.

COOP, Graham e RIBEIRO, Clarisse. *Investment protection and the energy charter treaty*. JurisNet. Nova York. 2008.

COUTINHO, Diogo R. *O Direito Econômico e a Construção Institucional do Desenvolvimento*. Revista Estudos Institucionais, v. 2, p. 214-262, 2016.

COUTINHO, Diogo R. *O Direito no Desenvolvimento Econômico*. Revista Brasileira de Direito Público, v. 38, p. 22-32, 2012.

CORREIA NETO, Celso de Barros. *O avesso do tributo*. São Paulo: Editora Almedina, 2016.

DALSENTER, Thiago. *A norma jurídica tributária e o princípio constitucional da solidariedade na indução de comportamentos ambientalmente adequados*. Dissertação apresentada ao Programa de Pós-Graduação da Faculdade de Direito (Mestrado). Universidade Federal do Paraná. Curitiba. 2012.

DANIEL NETO, Carlos Augusto. *As Imunidades Tributárias Isencionais*. In: Elizabeth Nazar Carrazza; Isabela Bonfá. (Org.). *Atualidades do Sistema Tributário Nacional*. 1ed. São Paulo: Quartier Latin, 2015.

DOIDGE, Norman. *The Brain That Changes Itself: Stories of Personal Triumph From The Frontiers of Brain Science*. Penguin Group. Nova York. 2007.

DIAMOND, Peter e VARTIAINEN, Hannu. *Behavioral Economics and its applications*. Princeton: Princeton University Press, 2007.

DUBÉ-RIOUX, Laurette e RUSSO, J. Edward. *An Availability Bias in Professional Judgment*. J. Behav. Decision Making. 1988.

EHRLICH, Sean. *Access points: an institutional theory of policy bias and policy complexity*. Oxford University Press. Oxford. 2011.

ELALI, André. *Tributação e Regulação Econômica. Um exame da tributação como instrumento de regulação econômica na busca da redução das desigualdades regionais*. MP Editora. São Paulo. 2007.

ENERGY CHARTER TREATY. Holanda. 1991.

EPSTEIN, Richard. *The Optimal Complexity of Legal Rules*. U Chicago Law & Economics, Olin Working Paper No. 210. 2004.

EPSTEIN, R. *Simple Heuristics That Make Us Smart*. Oxford University Press. Oxford. 2003.

EPSTEIN, R. *Simple Rules for a Complex World*. Harvard University Press. Cambridge, EUA.1995.

ENGEL, Christoph e GIGERENZER, Gerd. *Law and Heuristics: An Interdisciplinary Venture*. In ENGEL, Christoph e GIGERENZER, Gerd. Heuristics and Law. Dahlen Workshop Reports. Berlim. 2004.

EUROPEAN COMISSION. The economics of environmental behaviour: policy implications beyond nudging. EU. 2014.

EUROPEAN UNION. *European Energy Charter*. 1997.

FIESP. *O peso da burocracia tributária na Indústria de transformação*. São Paulo. 2013.

FIORILLO, Celso Antônio e FERREIRA, Renata. *Direito Ambiental Tributário*. Editora Saraiva. São Paulo. 2010.

FRANKEL, Tamar. *What Default Rules Teach Us About Corporations; What Understanding Corporations Teaches Us About Default Rules*. Boston University School of Law Working Paper n° 06-33. 2005.

FREDERICK, Shane; LOEWENSTEIN e George, O'DONOGHUE, Ted. *Time Discounting and Time Preference: A Critical Review*. Journal of Economic Literature. Vol. XL. 2002.

FREITAS, Juarez. *A Hermenêutica Jurídica e a Ciência do Cérebro: como lidar com os automatismos mentais*. Revista da Ajuris. Vol. 40. 2013.

FREITAS, Juarez. *A Interpretação Sistemática do Direito*. Malheiros. São Paulo. 2010.

FREITAS, Juarez. *O Controle dos Atos Administrativos*. Malheiros. São Paulo. 2013.

FREITAS, Juarez. *Sustentabilidade: Direito ao Futuro*. Editora Forum. Belo Horizonte. 2012.

FREY, Bruno e STUTZER, Alois. *Happiness and Economics: How the Economy and Institutions Affect Human Well-Being*. Princeton University Press. Princeton. 2002.

FRIEDMAN, Milton. *Capitalism and Freedom*. The University of Chicago Press. Chicago. 1982.

GHIOLLARNATH, Carol. *Renewable Energy Tax Incentives and WTO Law: Irreconcilably Incompatible?* Wolf Legal Publishers. Nijmengen. 2011.

GIGERENZER, Gerd. Rationality for mortals: How people cope with uncertainty. Oxford University Press. Nova York. 2008.

GIGERENZER, Gerd. *Heuristics*. In ENGEL, Christoph e GIGERENZER, Gerd. *Heuristics and Law*. Dahlen Workshop Reports. Berlim. 2004.

GIGERENZER, Gerd e GOLDSTEIN, Daniel. *Reasoning the Fast and Frugal Way: Models of Bounded Rationality*. Psychological Review. Vol. 103. No. 4. 1996.

GIGERENER, Gerd, P.M. Todd, and the ABC Group. *Simples Heuristics that Make Us Smart*. Oxford University Press. Nova York. 1999.

GLAESER, Edward. Paternalism and Psychology. 73. University of Chicago Law Review. Vol. 133. 2006

GLATZEL, Katrin; WRIGHT, Helena and MAKUCH, Zen. *Technology innovation and the Law – the Example of climate adaptation Technologies*. In MAKUCH, Karen E. e PEREIRA, Ricardo. *Environmental and Energy Law*. Wiley-Blackwell. 2012.

GOLDIN, Ian e LAMY, Pascal. Overcoming Short-Termism: A pathway for global progress. The Washington Quarterly. Washington. 2014.

GRAHAN, John et al. *Tax rates and corporate decision making*. INSEAD. 2014.

GRAU, Eros. *A ordem econômica na Constituição de 1988: interpretação e crítica*. 18ª ed. São Paulo: Malheiros, 2015.

GREEN, Donald e SHAPIRO, Ian. *Pathologies of Rational Choice Theory: A Critique of Applications in Political Science*. Yale University Press. New Haven. 1994.

GREENE, J.D. e HAIDT, Jonathan. *How (and where) does moral judgment work*. Trends in Cognitive Sciences. Vol. 6. Nº 12. 2002.

GRUEN, David e SPENDER, Duncan. A decade of intergenerational reports: Contributing to Long Term Fiscal Sustainability. Intergen+10 Workshop. 2012.

GRÜNE-YANOFF, Till. Rational *Choice Theory and Bounded Rationality*. Religion, Economy and Evolution. Berlim. 2010.

GUTHRIE, Chris; RACHLINSKI, Jeffrey e Wistrich, Andrew. *Inside Judicial Mind*. Cornell Law Review. Vol. 86. 2001.

HANSON, Jon e KYSAR, Douglas. *Taking Behavioralism Seriously: The Problem of Market Manipulation*. New York University Law Review. Vol. 74. 1999.

HANSON, Jon e KYSAR, Douglas. *Taking Behavioulism Seriously: Some Evidence on Marketing Manipulation*. Harvard Law Review. Vol. 112. 1999.

HART, Herbert. *The Concept of Law*. Oxford University Press. Oxford. 1961.

HARRISON, Mark. *Valuing the future: the social discount rate in cost-benefit analysis*. Australian Government Productivity Commission. 2010.

HAUSER, Marc. *Moral minds: The nature of right and wrong*. Harper Collins e-books. Nova York. 2006.

HAYEK, Friedrich. *The Road to Serfdom*. Routledge. Nova York. 2006.

HUGDAHL, Kenneth. *Symmetry And Asymmetry In The Human Brain*. European Review. Vol. 13. 2005.

INADOMI, Henrik M. *Independent power projects in developing countries: Legal investment protection and consequences for development*. Kluver Law International BV. Alphen aan den Rijn. 2010.

INSTITUTO BRASILEIRO DE ECONOMIA. *Benefícios econômicos da expansão do saneamento brasileiro*. Fundação Getúlio Vargas. Rio de Janeiro. 2010.

IPCC. *Climate Change 2007: Synthesis Report*. IPCC. Genebra. 2007.

JAMES, Simon e EDWARDS, Alison. *The importance of behavioral economics in tax research and tax reform: the issues of tax compliance and tax simplification*. New York University. Conference of the Society for the Advancement of Behavioral Economics, may 2007.

JEVONS, Willian Stanley. *Theory of Political Economy*. Macmillan. Nova York. 1988.

JOHNSON, Eric e GOLDSTEIN, Daniel. *Decisions by Default. In* SAFIR, E. *The Behavioral Foundations of Public Policy*. Princeton University Press. Vol. 417. 2012.

JOHNSON, J.G. e RAAB, M. *Take the First: Option Generation and Resulting Choices*. Organizational Behavior and Human Decision Processes. Vol. 91. 2003.

JOLLS, Christine. *Behavioral Economics Analysis of Redistributive Legal Rules*. Vand. L. Rev. 51. 1998.

JOLLS, Christine e SUNSTEIN, Cass. *Debiasing Through Law*. Journal of Legal Studies. Vol. 35. 2006.

JOLLS, Christine; SUNSTEIN, Cass and THALER, Richard. *Theories and Tropes: A Reply to Posner and Kelman*. Stanford Law Review. Vol. 50. 1998.

JONES, Rhys. et. Al. *Changing Behaviours: The Rise of the Psychological State*. Edward Elgar Pub. 2013.

JULL, Charlotta; REDONDO, Patricia Carmona; MOSOTI, Vitor e VAPNEK, Jessica. *Recent trends in the law and policy of bioenergy production, promotion and use. Food and Agriculture Organization of the United Nations* (FAO). 2007.

KAGAN, Robert e SKOLNICK, Jerome. *Banning Smoking Compliance Without Enforcement, In* RABIN, Robert e SUGARMAN, Stephen. *Smoking Policy: Law, Politics, and Culture*. Oxford University Press. Oxford. 1993.

KAHNEMAN, Daniel. *Attention and Effort*. Prentice Hall. Princeton. 1973.

KAHNEMAN, Daniel. *Maps of bounded rationality: psychology for behavioral economics*. The American Economic Review. Vol. 93. 2003.

KAHNEMAN, Daniel. *Thinking Fast and Slow*. Penguin Books. Londres. 2012.

KAHNEMAN, Daniel, SLOVIC, Paul e TVERSKY, Amos. *Judgment Under Uncertainty: Heuristics and Biases*. Cambridge University Press. Cambridge, UK. 1982.

KAHNEMAN, Daniel e TVERSKY, Amos. *Prospect Theory: An Analysis of Decision under Risk*. Econometrica. Nova York. 1979.

KAHNEMAN, Daniel e TVERSKY, Amos. *Loss Aversion in Riskless Choice: A Reference-Dependent Model*. Quaterly Journal of Economics. Vol. 106. 2007.

KANNEBLEY JR, Sergio e PORTO, Geciane. *Incentivos fiscais à pesquisa, desenvolvimento e inovação no Brasil: Uma avaliação da políticas recentes*. Banco Interamericano de Desenvolvimento. 2012.

KARLAN, Dean. *Getting to the Top of Mind: How Reminders Increase Saving*. Yale Econ. Dept. Working Paper n° 82. 2010.

KOROBKIN, Russel e ULEN, Thomas. *Law and Behavioral Science: Removing the Tradicionality Assumption From Law and Economics*. California Law Review. Vol. 88. Pg. 2000.

KOROBKIN, Russel. *The Problems With Heuristics for Law*. In ENGEL, Christoph e GIGERENZER, Gerd. *Heuristics and Law*. Dahlen Workshop Reports. Berlim. 2004.

KYSAR, Douglas. *Are Heuristics a Problem or a Solution?* In ENGEL, Christoph e GIGERENZER, Gerd. *Heuristics and Law*. Dahlen Workshop Reports. Berlim. 2004.

KYSAR, D.A. Group Report: Are Heuristics a Problem or a Solution. In ENGEL, Christoph e GIGERENZER, Gerd. Heuristics and Law. Dahlen Workshop Reports. Berlim. 2004.

LAIBSON, David. *Golden Eggs and Hyperbolic Discounting*. The Quarterly Journal of Economics. Vol. 112. 1997.

LANGEVOORT, Donald. *Insider Trading Regulation*. Clark Boardman Callaghan. Nova York. 1988.

LANGEVOORT, Donald. *Organized Illusions: A Behavioral Theory of Why Corporations Mislead Stock Market Investors (And Cause Other Social Harms)*. Vol. 146. Pa. L. Rev. 1997.

LANGEVOORT, Donald. *The Human Nature of Corporate Boards: Law, Norms, and the Unintended Consequences of Independence and Acountability*. Georgetown Law Journal. Vol. 89. 2001.

LEICESTER, Andrew; LEVELL, Peter e RASUL, Imran. *Tax and Benefit Policy: insight from behavioral economics*. Londres: The Institute for Fiscal Studies, 2012.

LOFTUS, Elizabeth. *Our changeable memories legal and practical implications*. Nature Reviews/Neuroscience, Vol. 4. 2003.

LOEWENSTEIN, George et. al. *Risk as Feelings*. Psychol. Bull. Vol. 127. 2001.

LEÃO, Martha T. *Controle da Extrafiscalidade*. 1. ed. São Paulo: Quartier Latin, 2015.

MAKUCH, Karen E. e PEREIRA, Ricardo. *Environmental and Energy Law*. Wiley-Blackwell. 2012.

MARTINS, Ives Gandra. *O imposto sobre grandes fortunas*. São Paulo. 2002.

MARTINS, Ives Gandra da Silva. Teoria da Imposição Tributária. 2ª ed. São Paulo: Editora LTr, 1998.

MARTINS, Ives Gandra da Silva e CARVALHO, Paulo de Barros. *Guerra Fiscal: reflexões sobre a concessão de benefícios no âmbito do ICMS*. NOESES. São Paulo. 2014.

MEYEROWITZ, Beth e CHAIKEN, Shelly. *The Effect of Message Framing on Breast Self-Examination: Attitudes, Intentions, and Behavior.* Journal of Personality and Social Psychology. Vol. 50. 1987.

MIKHAIL, John. *Elements of moral cognition: Rawl's linguistic analogy and the cognitive science of moral and legal judgement*. Cambridge University Press. Cambridge. 2011.

MILL, John Stuart. Considerations on Representative Government. Parker, Son and Bourn, West Strand. 1861.

MILL, John Stuart. *On Liberty*. Cambridge University Press. Cambridge, UK. 1989.

MILKMAN, Katherin et al. *Policy bundling to overcome loss aversion: a method for improving legislative outcomes*. Working Paper 09-147. Harvard Business School. 2009.

MITCHELL, Gregory. *Why Law and Economics Perfect Rationality Should Not Be Traded For Behavioral Law and Economics Equal Competence*. Georgetown Law Jornal. Vol. 49. 2002.

MITCHELL, P. et al. *Medial prefrontal cortex predicts intertemporal choices*. J. Cognitive Neuroscience. Vol. 23. 2011.

MONTESQUIEU, Charles Louis de Secondat de. *Considerações sobre as causas da grandeza dos romanos e da sua decadência*. A concentração do poder. Trad. Pedro Vieira Mora. 2ª ed. São Paulo: Saraiva, 2005.

MOSQUERA, Roberto Quiroga . *Tributação e Política Fiscal*. In: IBET-Instituto Brasileiro de Estudos Tributários. (Org.). Segurança Jurídica na Tributação e Estado de Direito. 1ª ed. São Paulo: Noeses, 2005.

NABAIS, Casalta. *Da sustentabilidade do Estado Fiscal*. In NABAIS, José Casalta; DA SILVA, Suzana Tavares. (Coords.) *Sustentabilidade fiscal em tempos de crise*. Almedina. Coimbra. 2011.

NABAIS. José Casalta. *O dever fundamental de pagar impostos*. Almedina. Coimbra. 2009.

NATIONAL AUDIT OFFICE. *Over-optimism in government projects*. 2013.

NICKERSON, Raymond. *Confirmation Bias: A Ubiquitous Phenomenon in Many Guises*. Review of General Psychology. Vol. 2. 1998.

NISBETT, Richard; BORGIDA, Eugene; CRANDALL, Rick e REED, Harvey. *Popular Induction: Information Is Not Necessarily informative*. In KAHNEMAN, Daniel; SLOVIC, Paul; TVERSKY, Amos. *Judgment Under Uncertainty*. Cambridge University Press. Nova York. 1982.

NOZICK, Robert. *Anarchy, State and Utopy*. Libertarian Review. Vol. 3. 1974.

NUSSBAUM, Martha. *Women and Human Development: The Capabilities Approach*. Cambridge University Press. Cambridge, UK. 2000.

O'DONOGHUE, Ted e RABIN, Matthew. *Choice and Procrastination*. The Quarterly Journal of Economics. Vol. 16. 2001.

O'DONOGHUE, Ted e RABIN, Matthew. *Doing It Now or Later*. The American Economic Review. Vol. 89. No. 1. 1999.

OECD. *Consumer Policy Toolkit*. 2010.

OECD. *Consumption Tax Trends 2012: VAT/GST and Excise Rates, Trends and Administration Issues*. 2012.

OECD. *Education at a Glance*. 2013

OECD. *Environmental Taxation: A guide for Policy Makers*. 2011.

OECD. *Estatísticas sobre receita na América Latina*. 2012.

OECD. *Guidance on sustainability impact assessment*. 2010.

OECD. *Taxation, Innovation and the Environment – A Policy Brief*. 2011.

OFFICE OF FAIR TRADING OF UK. *Completing competition assessment in impact assessments: Guide for policy makers*. United Kingdom Government. 2007.

PARKER, Elizabeth; CAHILL, Larry e MCGAUGH, James. *A Case of Unusual Autobiographical Remembering*. Psychology Press. Vol. 12. 2006.

PAULSEN, Leandro. *Direito Tributário: Constituição e Código Tributário à luz da doutrina e da jurisprudência*. Livraria do Advogado. Porto Alegre. 2012.

PBL Netherlands Environmental Assessment Agency. *Environmental taxes and Green Growth. Exploring possibilities within energy and climate policy*. 2012.

PETERSON, Martin. *An introduction do decision theory*. Cambridge University Press. Cambridge. 2009.

PIELOW, Johann-Christian. *Sicherheit in der Energiewirtschaft*. Richard Boorberg Verlag. 2007.

PIGOU, Arthur. *The Economics of Welfare*. Macmillan. Londres. 1920.

PIKETTY, Thomas. *Le capital au XXI Siècle*. Le Seuil. Paris. 2013.

PINTOS-PAYERAS, José Adrian. *A carga tributária no Brasil: um modelo para análise dos impactos das políticas tributárias na arrecadação e distribuição*. Tesouro Nacional. 2008.

PINZ, Greice Moreira. *A responsabilidade ambiental pós-consumo e sua concretização na jurisprudência brasileira*. Revistas de Direito Ambiental. Vol. 65. São Paulo. 2012.

POSNER, Richard. *Behavioral Law and Economics: A critique*. Econ. Educ. Bull. American Institute for Economic Research. 2002.

POSNER, Richard. *Economics Analysis of Law*. Aspen Publishers. Nova York. 2007.

POSNER, Richard. *Rational Choice, Behavioral Economics, and the Law*. Stanford Law Review. Stanford. 1997.

POSNER, Richard e LANDES, Willian. *The Economic Structures of Tort Law*. Harvard University Press. Cambridge, EUA. 1987.

QUEIROZ, Mary Elbe. *Tributação em foco: a opinião de quem pensa, faz e aplica o Direito Tributário*. IPET-Focofiscal. Recife. 2013.

RACHLINSKI, Jeffrey. *The Uncertain Psychological Case for Paternalism*. Northwestern University Law Review. Vol. 97. 2003.

REBONATO, Riccardo. *Taking Liberties: A Critical Examination of Libertarian Paternalism*. Palgrave and Macmillan. Nova York. 2012

SAGOF, Mark. *The Economy of the Earth*. Cambridge University Press. Cambridge, UK. 1988.

SAMUELSON, Paul. *A Note on the Pure Theory of Consumer's Behaviour*. Economica. Vol. 5. 1938.

SAMUELSON, William e ZECKHAUSER, Richard. *Status quo bias in decision making*. Journal of Risk and Uncertainty. Vol. 1. 1988

SANCHES, J.L. Justiça Fiscal. Fundação Francisco Manuel dos Santos. Lisboa. 2010.

SANTI, Eurico Diniz de. *Kafka, Alienação e Deformidades da Legalidade: Exercício do Controle Social Rumo à Cidadania Fiscal*. 01. ed. São Paulo: Thomson Reuters Revista dos Tribunais, 2014.

SANTI, Eurico Marcos Diniz de. *Tributação e Desenvolvimento – Homenagem ao Professor Aires Barreto* – Coleção Tributação & Desenvolvimento. 01. ed. São Paulo: Quartier Latin, 2011.

SARLET, Ingo. *A Eficácia dos Direitos Fundamentais: uma teoria geral dos direitos fundamentais na perspectiva constitucional.* Livraria do Advogado. Porto Alegre. 2014.

SARLET, Ingo Wolfgang. *Dignidade (da pessoa) humana, mínimo existencial e justiça constitucional: algumas aproximações e alguns desafios.* Revista do CEJUR/TJSC (1). Florianópolis, 2013.

SCAFF, Fernando Facury; ATHIAS, J. A. (Org.) . *Direito tributário e econômico aplicado ao meio ambiente e à mineração.* São Paulo: Quartier Latin, 2009.

SCAFF, Fernando Facury e TUPIASSU, Lise Vieira da Costa. *Tributação e Políticas Públicas: o ICMS ecológico.* In *Direito Tributário Ambiental.* Heleno Taveira Torres (org.). São Paulo: Malheiros, 2005.

SCHACTER, Daniel L. *The Seven Sins of Memory: Insights From Psychology and Cognitive Neuroscience.* American Psychologist. Vol. 54. 1999.

SCHOOLER, L.J. e HERTWIG, R. *How Forgetting Aids Heuristic Inference.* Psychological Review. Vol. 28. 2005.

SCHOUERI, Luis Eduardo. *Direito Tributário.* Saraiva. São Paulo. 2015.

SCHOUERI, Luis Eduardo. *Normas tributárias indutoras e intervenção econômica.* Forense. Rio de Janeiro. 2005.

SCHOUERI, Luís Eduardo. *Tributação e indução econômica: os efeitos econômicos de um tributo como critério para sua constitucionalidade.* In: Roberto Ferraz. (Org.). *Princípios e Limites da Tributação 2 – Os princípios da ordem econômica e a tributação.* São Paulo: Quartier Latin, 2009.

SCHOUERI, Luís Eduardo. *Tributos e instrumentos econômicos ambientais: o uso de normas tributárias indutoras em matéria ambiental.* In: Lucy Cruz de Quinones; Mauricio A. Plazas Vega. (Org.). Foros y Debates XXV Jornadas Latinoamericanas y XXXIV Colombianas de derecho tributario. 1 ed. Bogotá: Instituto Colombiano de Derecho Tributario, 2010.

SCHRÖDER, Bruno Henrique Versiani. *Regimes, Governos e a Carga Tributária.* Tesouro Nacional. 2009

SCHUMPETER, Joseph. *The theory of Economic Development: An inquiry into profits, credit, interest, and business cycle.* Harvard University Press. Cambridge, EUA. 1949.

SEN, Amartya. *Rational fools: a critique of the behavioral foundations of economic theory.* Philosophy and Public Affairs. Vol. 6. nº 4. Princeton University Press. Princeton. 1977.

SHAROT, Tali et. al. *Selectively Altering Belief Formation in the Human Brain.* Proc. Nat's Acad. Schi. 109. 2012.

SHAROT, Tali. *The Optimism Bias: A Tour of The Irracionally Positive Brain.* Vintage. New York. 2011.

SHUI, Haiyan e AUSUBEL, Lawrence. *Time Inconsistency in the Credit Card Market.* SSRN Elc. Library. Working Paper n° 586. 2004.

SIMON, Herbert. *Invariants of Human Behavior.* Ann. Rev. Psycology. Vol. 41. 1954.

SIMON, Herbert. *Models of Bounded Rationality.* MIT Press. Cambridge, EUA. 1990.

SIMON, Herbert. *Rational Choice and the Structure of the Environmental.* Psychological Review. Vol. 63. 1956.

SIMON, Herbert. *Rationality in Psychology and* Economics. J. Business. Vol. 59. 1956.

SIMON, Herbert. *Statistical Tests as a Basis for the Yes or No Choice.* Journal of American Statistical Association. Vol. 40. 1945.

SLOAN, Frank A.; TAYLOR, Donald e SMITH, Kerry. *The Smoking Puzzle: Information, Risk Perception, and Choice.* Harvard University Press. Cambridge, EUA. 2003.

SLOVIC, Paul. *Do Adolescent Smokers Know the Risks?* 47. Duke L. J. 1998.

SLOVIC, Paul; FINUCANE, Melissa; PETERS, Ellen e MACGREGOR, Donald. *Rational actors or rational fools: implications of the effect heuristic for behavioral economics*. Journal of Socio-Economics. Vol. 31. Elsevier. Amsterdan. 2002.

STOCK, Phyllis. *Better Than Rubies: A History of Women's Education*. Nova York. 1978.

SUNSTEIN, Cass. *After the Rights Revolution: Reconceiving the Regulatory State*. Harvard University Press. Cambridge, EUA. 1990.

SUNSTEIN, Cass. *Behavioral Analysis of Law*. Program in Law and Economics Working Paper n. 46. 1997.

SUNSTEIN, Cass. *Behavioral Law and Economics*. Cambridge University Press. Cambridge. 2000.

SUNSTEIN, Cass. *Hazardous Heuristics*. John M. Olin Law & Economics Working Paper n. 165. 2002.

SUNSTEIN, Cass. *Impersonal Default Rules vs. Activate Choices vs. Personalized Default Rules: A Triptych*. SSRN Elec. Library. Working Paper n° 2. 2012.

SUNSTEIN, Cass. *Probability Neglect: Emotions, Worst Case, and Law*. Yale L.J. Vol. 61. 2002.

SUNSTEIN, Cass. *The availability heuristic intuitive cost-benefit analysis, and climate change*. John M. Olin. Program in Law and Economics Working Paper n. 263. 2005.

SUNSTEIN, Cass. *Simpler: The Future of Government*. Simon & Schuster. Nova York. 2013.

SUNSTEIN, Cass. *Why Nudge*. Yale University Press. Londres. 2014.

SUNSTEIN, Cass. e HOLMES, Stephen. The cost of rights: *Why liberty depends on taxes*. W.W. Norton & Company. Nova York. 2013.

SUNSTEIN, Cass; JOLLS, Christine e THALER, Richard. *Behavioral Aproach to Law and Economics*. Program in Law and Economics Working Paper. N. 55. 1998.

SUNSTEIN,Cass e KURAN, T. *Availability cascades and risk regulation*. Stanford Law Review. Vol. 51. 1999.

TAVARES, André Ramos. *Direito Constitucional Econômico*. 3ª ed. Rio de Janeiro: Forense, 2011.

TENENBAUM, Joshua e GRIFFITHS, Thomas. *The rational basis of representativeness*. Stanford University. Stanford. 2001

THALER, Richard. *Mental Accounting and Consumer Choice*. Marketing Science. Vol. 4. 1985.

THALER, Richard. *Toward a Positive Theory of Consumer Choice*. Journal of Economic Behavior and Organization. 1980.

THALER, Richard e BENARTZI, Shlomo. *Save More Tomorrow: Using Behavioral Economics to Increase Employee Saving*. Journal of Political Economy. Chicago. 2004.

THE OXFORD MARTIN SCHOOL COMMISSION SECRETARIAT. *Now for the long term: The report of the Oxford Martin Commission for future generations*. University of Oxford. 2013.

THOMPSON, Dennis. R*epresenting future generations: political presentism and democratic trusteesship*. Critical Review of International and Political Philosophy. Cambridge, EUA. 2010.

TORRES, Heleno Taveira. *Direito Constitucional Tributário e Segurança Jurídica: Metódica da Segurança Jurídica no Sistema Constitucional Tributário*. 2ª ed. São Paulo: Editora Revista dos Tribunais, 2012.

TORRES, Heleno Taveira (Org.). *Direito Tributário Ambiental*. Malheiros. 2005

TORRES, Ricardo Lobo. *O minimo existencial e os direitos fundamentais*. Revista de Direito da Procuradoria Geral do Rio de Janeiro (42). Rio de Janeiro, 1990.

TVERSKY, Amos e KAHNEMAN, Daniel. *Availability: A Heuristic for Judging Fre-*

quency and Probability. Cognitive Psychol. Vol. 5. 1973.

TVERSKY, Amos e KAHNEMAN, Daniel. *Belief in the Law of the Small Numbers*. Psychological Bulletin. Vol. 76. 1971.

TVERSKY, Amos e KAHNEMAN, Daniel. *The Framing of Decisions and The Psychology of Choice*. Science, New Series. Vol. 211. No. 4481. 1981.

THALER, Richard e MULLAINATHAN, SENDHIL. *Behavioral Economics*. National Bureau of Economic Research. Cambridge, EUA. 2000.

THALER, Richard e SHEFRIN, H.M. *An Economic Theory of Self-Control*. Journal of Political Economy. Vol. 89. 1981.

THALER, Richard e SUNSTEIN, Cass. *Libertarian Paternalism*. The American Economic Review. Vol. 93. No. 2. Washington. 2003.

THALER, Richard e SUNSTEIN, Cass. *Libertarian Paternalism Is Not An Oxymoron*. University of Chicago Law Review. Vol. 70. 2003.

THALER, Richard e SUNSTEIN, Cass. *Nudge: Improving Decisions About Health, Wealth, and Happiness*. Yale University Press. New Haven. 2008.

UNICAMP e CGEE. *Avaliação da lei de informática*. GEOPI/UNICAMP. 2011.

UNITED NATIONS. *Kyoto Protocol*. 1998.

UNITED NATIONS. *Montreal Protocol on Substances that Deplete the Ozone Layer*. 1987.

UNITED NATIONS. *Our common future*. Brundtland. 1987.

UNITED NATIONS. *Vienna Convention for the protection of the Ozone Layer*. 1985.

UNGER. Roberto Mangabeira. *Free Trade Reimagined*. Princeton University Press. Princeton. 2007

UNGER, Roberto Mangabeira. *O Direito e o Futuro da Democracia*. Boitempo Editorial. São Paulo. 2004.

WAAL, Frans de. *Primates and philosophers: how morality evolved*. Princeton University Press. Princeton. 2006.

WEINSTEIN, Neil. *Unrealistic Optimism about Future Life Events*. Journal of Personality and Social Psychology. Vol. 39. 1980.

WHITE, Mark. *Behavioral Law and Economics: The Assault on Consent, Will, and Dignity*. Stanford University Press. San José. 2008.

WORLD TRADE ORGANIZATION. *Burden of disease from ambient air pollution for 2012*. Genebra. 2014.

WORKING GROUP ON LONG-TERM FINANCE. *Long-term finance and Economic Growth*. Group of Thirty. 2013.

WRIGHT, Joshua; GINSBURG, Douglas. *Behavioral Law and Economics: Its Origins, Fatal Flaws, and Implications for Liberty*. Nw. U.L. Rev. Vol. 1033. 2012.